自序

我一九五七年畢業於國立臺灣師範大學國文系，在一女中分部及師大附中執教兩年後，於一九五九年赴美留學，以中文系專業負笈西土，進入加州大學（UCLA）教育系。碩士後在新澤西州西東大學（Seton Hall University）修得大學教育及亞洲研究博士學位。自一九六〇年代進入職場，以文藝心得和師大之國學知識加上教育學位的配合，先後在洛杉磯州大、長堤州大、惠提爾大學及爾灣加人等校教授中國語言文化，並為提倡社區中文教育努力，成立中文學校，爭取在公立學校承認中文為外文課。

曾任美國聯邦政府雙語教育委員，著書有《美國大學錄取制度及亞裔生入學申請》、《中國文藝復興》、《中國戲曲與社會傳統》，在亞洲研究學及分會發表文章二十五篇。兩次受邀到在Princess遊輪舉辦講座，平時熱心公益，活躍於主流社區活動，對家居五十多年的南加Palos Verde社區，曾有過多年的義工服務，被選為圖書館理事，並以文化節目為溝通橋梁，促成不同族裔間之和諧。在地方劇院舉辦多次中國戲劇舞蹈演出，並被邀請演講中國文化，主持多元文化和幫助遊民（Help Homeless Help Themselves）活動等。獲獎無數。

我選擇以教中國語文為生三十年，深覺人生應是在不斷的為超越自己、肯定自己而努力。在自己現有的知識和精神生活領域中，求廣求新而達到有創意的境界，在明知身處「中西國共」之爭激烈的年代，中國文史是最糾結的一課，但自不量力，希望能深入的瞭解西方的傳統，試圖以中國語文為中西文化打開相互理解的大門，書中文章都是以我在美國教授中國文化的角度，來探討遇到、思索過的問題。

這本小書同時也是我的小傳，一路走來，柳暗花明，冷暖自知。期間有夫婿孫曾垚支持，兒女孫輩陪伴，自覺一生有過美好的過程。

目次

我的爺爺——王順存（王禮堂）

我的爺爺在東北有過一番豐功偉業。他去世時，我們雖然都在幼年，但在父母的口述中聽到他一生救國治世的努力，更聽到許多他待人處事的風範和道理。自記事起，無論在哪裡遇見東北來的長輩，只要提起爺爺的名聲——他是張作霖時的東三省清鄉督辦，外號「王大板子」——真是無人不知，也無人不肅然起敬的。因此我們在爺爺包青天神話般的形象中成長，自然都有一份自持和驕傲。爺爺過去的一言一行無形中是指導我們行為的標竿。他的精神一直維持著我們這個大家庭。父母一生都將爺爺的訓導奉為神聖不可違背的治家規範。

滿清末年，爺爺由科舉而作官，民國後在東三省從政，節錄一段家父為爺爺作的〈行述〉：

余在政界四十年，四任縣長，三任府臺，三任警務處處長，兩任清鄉督辦，一任道尹，治墾務者二年，辦漁業局一年，管航政七年，辦保衛團五年，均係為人民做事……

爺爺一生平亂治安，專以對付土匪奸商著名，經常和戎馬強悍的軍閥人物打交道、跟日俄辦交涉。但他並非一個只知道辦案子的警務官，他是一個實業家，一個想為社會建立新的實力的人。他辦漁業、立學校、組織商會，這都是有遠見的作風。他不是個故步自封的傳統中國政界人物。家母常提到爺爺晚年勤讀西方科學雜誌，請人來講解物理化學，想知道其他國家的文化和語言。他學跳舞，講究海水浴等等，都表現出他要跟上時代進步的一面。這在他對子姪輩教育上的注意尤其顯著，鼓勵以理工務實為專業。

在我們成長過程中，常常聽到爺爺最重視年輕人的教育。這是他的遠見。他一生對家中子姪培養不遺餘力。二〇、三〇年代，晚年在青島，凡是完成高中的晚輩，無論男女，他都鼓勵並極力培養他們去大學念書。只說我們父親輩的三兄弟，照爺爺的計畫，家父在東北大學學法律，二叔哈爾濱工業大學學工程，三叔同濟大學學醫科。其他姪輩，有南開畢業的，有海軍官校的，都直接受到他的恩澤。

除了家父一生在政府機構工作外，二叔在鐵路工業做事，三叔任武漢大學傳染科主任終其一生，並著有《德中字典》，廣為醫科及翻譯人員採用。其他叔伯有成就的很多，其中最為家人樂道的是爺爺培養的一個姑姑。

我家有位極有學問又有風度的姑姑。黃姑是一個孤女。當年她父親替爺爺做事，因病不能照顧子女，去世前向爺爺托孤。爺爺是個有理想講義氣的人，毫不猶豫的答應她父親。這不只是一時的善舉，也不是只想給她一口飯吃養大而已。爺爺把黃姑當自己的子弟，誠心要照顧她成人，培養她念大學，爺爺主張送黃姑念山東大學完成工程學業，要把她教養成一個出類拔萃的女中強人，日後可以自立。

在那個時代，全國都沒有多少女子念大學，更別說念工程。結果黃姑不負培養的苦心，不但學有所成。後來還在鞍山鐵工廠和高雄鐵工廠任職，做人處事都受到同事尊敬。這樣不尋常的成就，固然是黃姑自己的志氣和聰明，但是爺爺的栽培環境應是絕大的因素。這其中最讓黃姑感激的不只是爺爺，還有當時主持家務的我的母親，她從未讓黃姑感覺到缺錢求學和生活。後來抗戰期間，也因為爺爺的關係，黃姑得在沈鴻烈爺爺家做事。對一個孤苦無依的女孩子。在那樣的亂世，能獲得如此的照顧，真是恩重如山。因此在上海杭州，以及後來在臺灣，黃姑無時無刻不在設法報答這份恩情。可是父母從來都把她當自己的親姐妹，感情融洽，沒有任何期求。這是我家風的一段佳話。自然這是爺爺德澤深厚的緣故。是我們後代子孫最值得學習和驕傲的事。

在這裡自然要提起家母與父親的一段姻緣。爺爺治家如治事，計畫周密而嚴厲。當時以爺爺的名聲和權勢，三個兒子都是名校畢業，前來說親的自不在少數。而爺爺知道一般富家小姐的習性，怕娶個官宦人家嬌生慣養的小姐進門，無法主持家業。因此在清鄉督辦任內所到的府縣，拜託教育界朋友代為收集高中師範畢業生的成績單及照片。經過自己千挑萬選，選中了品貌學識都一等的師範畢業生，我的母親。家母過門以後，爺爺親自調教。讓一個年紀只有十八歲的青年女子，一結完婚就接管了一個二三十口人家的日常生活和南北的產業。家母秉承爺爺的教導，持家井井有條，成了全家的支柱，直到爺爺去世。

抗戰期間，我們全家老小，六名子女及婆婆親戚長輩等，依靠家母一人帶領，極盡奔波於大江南北和避難臺灣。現在回想，爺爺當年和母親的父母無親無故，毫無淵源。但憑對母親的品行能力的認可，就娶進豪門。這是爺爺過人的魄力和精明識人的碩見。

家母生長在一個東北海城的小康之家，自小家庭和睦，詩書環繞。常常和我們提起她小時的趣事。她記得爺爺某年返回海城縣巡視。人們感念昔日爺爺任內的德政。學生市民夾道歡迎。家母年僅十四，唱著田老師的作曲，在女子師範隊伍中歡呼。家母從沒想到日後她成年的經歷，完全和這位備受敬仰的大官人有關。母親於去世前（一百一十歲高壽），常念叨她少年時的往事。她對爺爺的敬佩和懷念是永生不忘的。在客居美國九十五高齡的時候，她還能背誦當年遊行的歌詞。擱筆之前，謹錄於此，作為懷念爺爺一文的結尾。

前我公宰敝邑，學校設，盜賊平。今日清鄉，民之父母。辛有到臨溟。後學女生相見晚，恨未受栽成。但願隨仗鳩父老，竹馬兒童以迎。

烽火一佳人

母親小傳

母親，王李雨滋女士，東北海城人，生於一九〇六年，於二〇一五年十一月二十二日凌晨二時在美國洛杉磯，安睡中逝世，享年一百一十歲。一生養育七名子女，孫輩十二人。母親福壽雙全，而今乘鶴仙逝，思念之餘，願以此文紀念她一生之經歷成就。

母親生長在東北的一個小康之家，小時天資聰慧，讀書過目不忘，寫得一手娟秀小楷，在校卓然不群，被譽為神童。她天生麗質，端莊漂亮，記憶中，母親平時穿著合適家常，不施脂粉，永遠是忙忙碌碌，被六七個孩子圍繞著，但她還是最出眾的美人，明麗動人。年輕時是親朋好友間傾慕的閨秀，中年時是能幹優雅的大家主婦，到了晚年，才華傾盡，在經歷了顛簸起伏的一生後，她仍然是雍容姣好，但加上了一份對人世的領悟，多了一些典雅從容。

家母與父親的一段姻緣，應該是她一生事業的開始。也是爺爺在建立偌大的家業後，為他身後子孫所留下最好的依靠。母親的精明幹練，不負爺爺的調教和遺願，延續了王家的香火，帶領老少渡過了最艱難的歲月。家境好時，寬厚待人，慈悲為懷，親友備及照顧。歷盡國難滄桑而家道拮据時，則含辛茹苦，為七個兒女衣食親自操勞。婚後隨爺爺意願，大家庭裡，凡是成年叔侄輩，都由母親料理入大學讀書。可惜自己卻因太早懷孕，只差一步，未能念上大學，她過人的才華未能發展，常引為一生憾事。

母親的一生跟王家的起落，和二十世紀中國的命運是緊緊綁在一起的。自清朝末年，內政腐敗，民智落後，正值西方船堅炮利，中國淪為半殖民地，繼而軍閥割據，迎來日寇入侵，中國的命運，危在旦夕。

二十世紀的中國知識分子家庭，若是住在城市，有能力可以移動的，多半都有逃難的經驗。我家自然不能例外。王家的逃難史可算得上轟轟烈烈。敘述這段歷史就是講述母親的生平，因為她的大半生就在這段經歷裡度過。自一九三一年九一八事變後，舉家由東北入關，暫避難於青島，及至一九三七年七七事變，不幸二戰前爺爺去世，全家頓失主持，自此親朋老小都以母親為中心，言聽計從。若是家道平平，逃不遠，走不動，近鄉躲躲也無不可，但偌大家業，又無老家可依，隨大眾往大城避難似乎是唯一的選擇。

逃難——大江南北的腳印

王家是北方老戶人家，保守而不變通，爺爺過世後，從青島離開時，正逢抗戰軍興之始，父親已隨山東省政府抗日，母親帶領全家十多人口、箱籠二三十件，老弱婦孺，大江南北的避難，一路上全靠積蓄和托友人照顧，只求找個安全地方落戶。

但是安定的生活何處能求？抗戰前後近十年的日子，我們在淪陷區，在烽火的後方極盡奔波。期間交通險阻，路途之遙遠，難以想像。那種連根拔起，拋家當，告別親人，節節避難，馬不停蹄的逃難日子——時間之長，地域之廣，至今無法想像父母是如何籌畫完成的。

記憶中我們有過三次長途跋涉之旅，跨過了大半個中國。母親發揮超人的潛力，所做所為，有如神話。提筆寫這段生長過程，情緒仍然澎湃激動。從沒想到我自小到少年時代，逃難生涯，占了大半的記憶，其中所能記得的事，是我最與眾不同的特殊經驗，這些都變成對母親在烽火裡悲歡災難的見證。

在我們逃難的歲月裡，值得一提的生活片段都頗為精彩。只要我口若懸河、滔滔不絕的談起我三次逃難的生涯，朋友們就會嘖嘖稱奇。看不出我這年紀，竟然在大江南北名城首都都輕留鴻爪：香港、上海、西安、重慶、杭州都曾經小住幾載，臺灣也有十年生活的光景。孩子們的經歷，自然背後是母親堅忍的身影。下面藉著逃難的一段，再敘母親的偉大。

我們先是從青島坐火車至漢口。那該是一九三七年淞滬之戰已過，日軍轟炸漸至內地。雖然四五歲年紀，卻記得晚上有空襲，掀開窗簾依稀看見中國空軍迎戰的鏡頭。每次到電影院，開演前，觀眾都要站起來唱愛國歌曲。孩童年紀的我也爬上椅子，當仁不讓跟著唱。

那時武漢逃亡的人口日增，往內地西南的人潮由此路過。而日軍逼近，不久就覺得武漢非久居之地，因此全家又回頭避難至廣州，然後坐遊輪至香港，聽家人說竟是瑪麗皇后號遊輪。那時的香港尚未繁華，但名人避港的也不少，租定的居處竟然有鄰居黎元洪家族和明星蝴蝶！

家人只是閉門生活，保守的老北王家自然是少與外人往來。不久因不適應語言和廣式生活習慣，而再移居上海，遷入法租界，在淪陷區的上海生活了兩年半，見識到西風東漸的痕跡。如今回想那華洋混居的租界地，形形色色，逃難來的猶太人和美國、歐洲的遊客時有所見。十里洋場，歌舞昇平的夜總會有高大「印度阿三」看著門。大型百貨公司、電動梯霓虹燈，生意興隆，但年輕人多半都在計劃離開，上海本地人家是無法逃離的，依然富裕卻無奈的忍著氣過著平常日子。中國人的憤怒，不時顯現在抗日地下工作者的出沒和消息。這個日本佔領初期的東方明珠，是一個畸形不穩定的社會。等到租界地漸漸被日本人加強控制，珍珠港事變後，猶太和西方人被限制住所，美軍就要對日宣戰，恐慌的上海糧食受限，饑民處處，已是風雨欲來的地方，不宜久居了。於是這老少一群的王家，又要做遷徙的打算。這次是由上海溯長江而上再到武漢，過麻城走旱路到河南老家商城。

那時隨戰事的越演越烈，往內地去的人潮有增無減，船票難求。等高價買到二等艙全家的票，竟然是日本一艘新船，運軍眷也帶客的。船上頭等艙都是日人，三等是逃難的中國人。沒想到這次短短的五六天行程，卻讓我第一次嘗到戰爭的血腥滋味。

先是常見河裡漂浮的屍體，眼前流過，慘不忍睹，人命隨時可能毀滅，讓未成年的孩子看得心驚膽戰。然後是一夜驚魂的遭遇，船行要到漢口的前兩天晚上，半夜時間，忽然槍炮聲大作，船上閃著爆炸的火花，震耳欲聾，人們亂成一團。只覺得船是出了事。大家伏地而臥，不一會兒，驚魂甫定，一切歸靜。環視家人，安慰的是大家都平安無事。天亮後，只見甲板上一排排蓋著白布的屍體，大多都是日本大人和孩子。原來昨晚美軍軍機在轟炸日本的回程，看見長江上掛著日本國徽的船，就用剩餘重機槍彈沿船掃射，被掃射最密集的是頭等艙，二等也受到射擊，所幸我們買的兩個艙位未受波及。而三等近水，因此沒有被射。老天有眼，放過我們苦難的中國人。

上岸後，漢口離商城不遠，但沒有交通工具，徒步的路程，還是要近月的時間才能走完。期間能找到代步的，只有人推的獨輪車和轎子等，可憐了母親，獨自指揮全程。六個孩子、婆婆和長輩，加上幾十件箱子，在戰亂的落後鄉村，月餘的奔波，竟能安然抵達目的地，上蒼保佑。

按計畫，我們是要在河南商城與相隔四五年的父親會合團圓，定居老家，以家鄉田產為生，卻不知當年鄉下與城市的文化、教育相差極巨。商城是河南南端的五縣之一，與安徽湖北相近，雖是富裕，文風也茂，但與上海先進的生活相比，實是天壤之別。何況日軍隨時可能入侵，時局並不安定。加上隨父親南來的工作隨員，幾家的人口不少，更是在小城無處安頓。於是王家開始有進入大後方的打算。

經過父母周詳的籌劃，費盡心思，最後組成了三十多人的逃難團，在全民進入抗戰的第四個年頭，又上了離鄉背井的征途。這次以西安為目的，由豫、皖、鄂三省交界處，走旱路出發，先坐淮河民船，數日後到界口下船，再到潼關，過黃河後闖關，越秦嶺，然後到大後方西安。

這一路走來，看到隨處都是饑不聊生的人群，去西安得過險要的潼關。潼關的隧道位在黃河大橋的尾端，要先坐火車過河進入隧道，才能到安全地帶。然而過河的時間沒有一定，要等在黃河對岸的日軍歇息時，才能盡速上車闖過。因此成千上萬的人在岸邊火車旁等信號。在那等待期間，最不能忘懷的是我墜橋的險情。至今都是家人述說不斷的事。

八九歲的年紀好動，父親和一般人正從大橋對面走來，我等得不耐煩，跑著迎上去，就在還沒到橋當中的鐵板前，火車軌上的橫木有空隙，說時遲那時快，我竟然從橫木縫中墜落。記憶中落了很久，竟然掉在黃河岸邊一灘沙煤灰裡。當時自己站起來覺得毫髮無傷，想往上爬時，驚慌的家人趕下來把我抱上岸，父母嚇得不知所以。至今回想，只能說是大難不死，必有後福了。

在西安的兩三年，我們住在大大的四合院裡，古老的都城抗戰氣氛熱烈。但比起重慶，西安是躲過了嚴重的轟炸。只是抗日已進入五六個年頭，大批的人逃難遷徙，經過長途的奔波，也都集中在古都生活，清苦的等著返鄉之日的到來。期間勝利無日以待，家家都漸覺生活吃緊。王家老家的田產，資源斷線，開始要以變賣家中所存古物維持生計。加上大哥因多年肺病去世，父母已疲憊殆盡。雖然珍珠港事變後，美國的態勢日漸明朗，街頭已見美軍的身影，但中國人的全面抵抗仍然吃緊。當時政府被迫號召「一寸山河一寸血，十萬青年十萬軍」。不是響應盟軍的參戰，而是最後的自救。一九四五年已是國家竭力到了緊急關頭，許多人準備再往西北逃亡，卻沒想到兩顆原子彈，造成了二次大戰的結束。日人鴆酒自飲，慘痛的敗退，謝罪天下。

抗戰勝利後，舉家又由西安遷至風光明媚的西子湖畔。當時正逢人人都返家心切，復員的人潮不比戰時逃難的情勢少。母親剛生了四弟，父親得先赴杭州工作，只得帶著祖母跟兩個女兒先行，留下母親帶領其他家人又一次長途跋涉，由西北到江南。而母親再一次發揮了過人的能力，指揮若定，讓全家安然由西安遷到杭州。在西子湖畔，我們有過美好的歇息，西湖的柔和美景、江南的富裕風情，讓王家人嘗到了戰亂後短暫的文化鼎盛和安適。

二十世紀，老天是要給中國人澈底的苦難。世界大戰剛歇腳，中國內戰又出庭。好景不常，一九四五年才奏過了和平的號角，一九四八年底內戰就逼近了江南，一時風聲鶴唳。共軍要過長江，南京要撤離。父親奉命親率考試院部分員工，隨政府各機構由南京至重慶，預備再次抗戰。母親情急之下，整理家中財物，拜別祖母，攜帶七名未成年子女，再度跟父親逃難，由杭州直下廣州，繞道廣西梧州，至貴林而重慶。一路上，父親公務在身，公家財資有限，家中衣食住行及孩子們不時短期上學等等，都由母親一手規劃。兵荒馬亂的時代，通貨膨脹，物資缺乏，母親得用盡心機，變賣家中值錢的家當細軟，只為全家安全溫飽。記得當年陪母親買菜，每次都得先去銀樓店鋪籌錢。賣一個金戒指，只夠兩個月全家的花費，母親煞費口舌。與人討價還價，爭到幾分幾塊錢，只因母愛，維持一家衣食。那樣的日子，使人心酸。

記得一九四九年秋，在對日抗戰後的陪都重慶，只安定了半年，而內戰正烈，西南即將失守。那天嘉陵江上起了大火，是共軍佔領重慶前夕，我們在城外的歌樂山，遠眺著半邊天戰火的夕陽，全家再度登上大卡車，兵荒馬亂中，啟程直奔成都。如今回想，那是最後一次舉家逃難，卻是永遠的離開了大陸的家鄉，途中歷經萬難，險象環生。

沿途，母親懷抱襁褓中十一個月大的小弟，手牽著四歲的四弟，坐在一輛卡車司機旁，心裡惦念著另外那五個不知事的少年孩子和一大堆行李，跟著公家的卡車，分道離去。三天三夜的旅程，沒有幾次相聚，真是老少都心急如焚。我們每人身上都有一枚戒指，失散了就設法回杭州找祖母。卡車經過富庶的天府盆地，沿途家家預備戰火的來臨，店鋪紛紛打烊，到處敲門都買不到食物，只能買到泡菜。最後，我們在成都一間空教室裡，暫時棲身數日。人潮洶湧，人人都想離開。到臺灣只有飛機一途，等登機通知到時，我們只能帶隨身衣物赴機場，母親萬般為難，連夜為兒女們挑揀可穿帶的衣物。面對幾十年保存的箱子，絲綢古物，就此一別，都留在那間教室，無奈的撒手離去。

話說等我們到達成都附近的新津機場，只見滿坑滿谷逃亡的人群，上千萬的人都在等待離開。有各個機關的員工，有地方權勢的名人。有人已等月餘，有人花了重金，把孩子送上少有的幾次飛機上，隔天得知竟然飛去了昆明，而雲南的盧漢將軍已經投降。只見家人哭天喊地，催人淚下。

我們有幸在各機構同意抽籤的方式下，十口之家隨考試院，竟然以第一籤搭乘第一架次飛機由新津離開，懵懵懂懂的飛到了海南島。那時的海口尚未發達，市區簡陋。在島上雖然僅父母可以住在巧遇的朋友家，我們都得在街上一個銀行店面的騎樓下安身。但當時年紀輕輕，只覺得天氣溫和，戰亂遠離，平靜中有些幸福的迷失，海口海邊上一片白沙，沙灘上有漂亮的貝殼。海灘上自有一片甯靜，於是我們竟日貪玩，在一年來顛沛流離後，閒蕩有趣的日子也挺不錯。

等了將近一個月，才搭上船到了臺灣，那已是一九四九年底。我們定居宜蘭，等這最後一程安定後，大家才感到家產蕩然無存的無奈。家中積蓄，已在連年逃難中花費殆盡。前途生計拮据，眼前頓覺茫然。因此在臺安家的十多個年頭，是父母最為窘迫的生活經驗。真道是「由儉入奢易，由奢入儉難」。

我們考試院是政府眾機構中最清苦的一員。父母負擔十口之家，月薪只夠半月花費。食指浩繁，衣物被褥都捉襟見肘。母親一向做大家庭主婦，雖然勞心，但卻從未勞力。如今面對前所未有的困境，她毅然放下以往的優越習慣，在最簡陋的環境裡、困苦的條件下，一手操勞一家大小衣食。母親初次下廚，每天只用公家配給的一個煤球，要供應七個成長孩子的飲食。早晚親自煮飯洗衣，為兒女費盡心力。現在回想當年，她發揮超人的耐力，犧牲自己，用最大的智慧，維持一個家的日常生計，直到兒女成人。十多年心力交瘁，對這份恩德，子女們真是無法回報。

我們自小即在大家庭生活，在來到臺灣以前，每天都在走馬燈似的大院裡，看到複雜的人來人往。母親周旋在眾人的悲歡聚散間，為承受祖父的家業，必須應對家族裡各時期、各個成員的困境。抗戰期間，各路逃難來的親朋、機關裡的同事，只要有難敲門，就得設法幫助。有的是經濟解困，有的是經年的吃住。母親上有婆婆等長輩，下有兒女及老家人廚子等。桌面上是管家的大少奶，私底下得變賣家當，維持一個十幾口大家庭的日常衣食。加上時局的變幻莫測，還得準備隨時避難，但是她從未有一天罷工，宣布辭職，總是盡力照顧，妥當安排眾多家人的生活，她的精明和超強的耐力，著實驚人，而人際關係的調理更是有口皆碑。

母親一向自己節儉但寬厚待人。即使在最困難的歲月裡，仍然善心滿滿。跟母親相處過的人，都念念不忘她的情份。她的禮數周到，雖然有些苛待自己，勉為其難的好強、好面子，但我們自小就從母親的待人接物裡，領會到一份厚道熱心的家教。父母留給我們的做人態度，成為我們日後處事的準則，使我們一生受益匪淺。現在回想母親一生的捨身付出，都是受到祖父生前的賞識，為她安排的婚姻為起點。一切努力，都只是由於她對這個家的承諾。她的所做所為，是我們日後日常生活的標竿。

一九七〇年代，母親來美探視兒女。在美國定居後，受新大陸自由風氣感染，生活方式完全自求獨立。七八十高齡苦讀英文，考公民，住老人公寓，坐公車各處遊覽，廣交朋友，日子過得有滋有味，相當愉快。父親八十九歲往生，臥病半年時期，母親時年八十八，但仍全力照顧，湯藥不假別人之手。他們結縭八十餘載，攜手闖過無數難關。有幸在美國共度晚年，沒有憂慮。母親於二〇一五年安然離世，想是在天堂又與父親會合。應是了無牽掛，過著神仙般的日子了。

母親留給子女最大的財富，是她不屈不撓，永不放棄的精神。她一生自強不息。凡事絕不求人。而處事待人，刻己厚道。誠可為後人典範。

勝利了！戰爭留下的是什麼？

友人寄來一九四五年二次大戰日本投降前的戰場實況。有聯軍登陸硫磺島海上軍艦的布局，有那年三月美軍一千七百噸燃燒彈投下東京街頭的焦屍遍野，有琉球群島日本神風飛機撞擊美艦的鏡頭。自然還有八月原子彈的威力轟炸，萬人在瞬息間毀滅的場景。不堪入目。日本天皇八月十日無條件投降，九月在美國戰艦密蘇里號上簽降，才結束了十年戰亂。

翻翻歷史的另一頁，珍珠港上沖天的火焰，幾十艘（美國）軍艦在烈焰裡炸得粉身碎骨，跳海的、狂奔著躲避轟炸機的……，多少美國英年的戰士，背棄了父母的祝福，永遠葬身海底，不告而別。日本無盡的貪婪，竟然以卵擊石，妄想以偷襲美艦基地，接應希特勒在歐洲戰場的許諾，一舉而獨霸東亞。然而珍珠港偷襲換來的，是太平洋上慘烈的戰爭。最後日本以無比的飲恨，敗在美國最具威力的槍彈裡。百年來佔據亞洲大陸疆土的野心，到頭來美夢雄心一場空，寸土未得，只在美國戰後恩賜的餘蔭裡，面對殘破的家園，承受著亞洲各民族無盡的譴責。在天災地震的淫威裡，守著原本就資源貧瘠的四島，謹言慎行，供奉美國，過著仰人鼻息的日子。

在亞洲大陸，記得一九四五年八月十四日勝利的那天，中國的大城市、小鄉縣，突然間整個的路景天地好像是電影裡某個鏡頭，一下子停止了。聽到有人叫嚷：「勝利了！日本投降了！」一路人呆在原地，不知如何行動，忍了十年的悲憤情緒不知如何宣洩，是停下來振臂歡呼？還是蹲下來放聲哭泣？偌大的西安市失常了，麻木的安靜，茫然的失去方向。那幕幕場景，深切刻骨的記憶，而今仍然在目。是什麼，又為什麼，讓眾多人沒了意識？這怕是因為對日抗戰勝利的消息，在近乎絕望的等待中突然傳來。

前一年、一九四四年秋，敵人似乎將要逼近陝西，戰事緊急。政府打出「十萬青年十萬軍」的大旗，急需要一批新血，號召有知識的年輕人，補足疲憊不堪的國軍。勝利前夕的中國，已經苦戰了八個年頭。大家靠著西遷重慶暫時定居，貧的、富的都是離鄉背井，寄寓異域。在四川和西北大後方苦撐門戶的政府，過著寅吃卯糧的日子，中國真的到了生死存亡的最後關頭。很多家庭先遣老少從西安至寶雞，準備抗戰再抗戰！沒想到頑強的日本武士道精神，對上了美國強大的武裝力量，加上中國的敗部不屈，最後是給日本敬上兩顆原子彈，助了中國一臂之力。

勝利的歡呼，面對的是殘垣破瓦、面目全非的家園。多少個母親眼看著兒女在敵人瘋狂的轟炸和炮火中死去，多少從軍的青年壯士，埋屍異鄉，永不相見。戰爭帶來的毀滅，不只是親人生命的毀滅，更是精神上無盡的負荷。二戰後的中國，遍體鱗傷。試想老少同胞，流離失所，吃盡逃亡之苦，心心念念的是勝利後重返故里，熱情的寄望返鄉告祭祖先。千萬家庭無奈的劫後餘生，跟著復員返鄉的人潮，再相逢，恍如隔世。

然而，戰勝後的中國，百廢待興，百姓期待的歌舞昇平尚未全面起步，國際紛爭下的國共對立旋即接踵而至，兵戎相見，殘破的家國再次淪入內戰的互相殘殺。此後三十餘年的冷戰，隔岸打鬥、謾罵不休。國共的連年酣戰，互相封閉，只落得窮的更貧窮、落後的更落伍。究其緣由，自然是百年的內憂外患，民窮財盡，自然發酵為貧富不均的社會問題。幸有八〇年代的改革開放，才有以後四十年的和平無戰事。如今內戰休兵，好不容易擺脫了同種同族的相殘相辱，老百姓得以發揮勤勞的傳統力量，知識分子得以展現文化教育的才能，於是現在得享脫貧後的平安，贏得自己的自信，和世人的尊崇。

回首憶舊，若是五〇年代國共兩黨，就能為二戰後殘破貧窮的中國放下刀槍，互助互輔，讓老百姓有個喘息的機會，早在四十年前即可富強，中國可為世界立下和平的風範，免去國際間的猜忌，豈不是兩全其美？而那些無緣無故，犧牲在國共相爭仇恨裡的中華兒女，也就不必含冤九泉，讓人惋惜。

戰爭帶來的是破壞生命，剝奪了造物主賦予人類的生存權利。當日本軍國主義的魔頭，看著東京在美軍密集的轟炸機下烈焰滾滾，原子彈把兩個大城夷為平地，他們可曾在燒毀的屋脊裡尋找親人的骨肉？他們可曾想到重慶五三、五四大轟炸，和南京大屠殺刺刀下的千萬中國亡魂，是怎樣用血肉之軀，證明了侵略者先發制人的逆行？人性的弱點，就是要用強權來維護自己的不安全感，貪婪和佔有慾無法得到適量的遏止。歐洲的文藝復興是神權的禮讓，人權的膨脹，啟發了人類智力的無限創新，但科技的啟航卻帶來了殖民的野心。西歐各國到世界各地掠奪財富，接著是強權無限擴展，帶給人類兩次世界大戰。二十世紀德國在歐洲的征戰，和日本在亞洲的橫行，是誰賦予他們的「天命」？

我與浙大

〈我與浙大〉一文早就在胸中孕育良久。以一個念過浙大附中的後輩學生，與浙大有過短暫但寶貴的接觸，因此得到許多浙大留美學長們的關懷，常年列在校友名冊上。對這段淵源怎能不一吐實況，照實寫下以謝前輩？尤其是與我同輩的親朋，對我與浙大的關係，常有諱莫如深的質詢。以我這個年紀何時進的浙大？他們疑團重重的探詢，使我更深深的有表明正身，以避高攀的意願。然而鍾梅音女士已先我而寫了一篇〈浙大與我〉，以她名作家之筆，逃及她與浙大真實而又親密的關係，自是貼切。我的文章雖題為〈我與浙大〉，但乍眼看來，確實有東施效顰之嫌，一時間使我躊躇起來，遲遲不思下筆。然而文人各有天地，讀者自知。我的一生受學校影響最大。這篇文章與〈我與北一女〉、〈我與師大〉是連串的題目。應不以鍾學長海內外文譽之盛而退卻，誤為效顰又何妨？

抗日勝利後一年，自大後方黃土高原的古都西安，舉家南遷至風景宜人的大江南——西子湖畔的杭州。我入珠寶巷小學不到一年就匆匆畢業。暑假中報考了三個中學——浙大附中、杭州女中及杭州中學，內心對附中是心嚮往之。一方面是心儀浙大校譽，一流的學府，以求是求實為建校精神，獨樹一格，如能進附中，與有榮焉；另一方面，附中許多科目由大學部優秀畢業生任教，一部分名額也留給教授的子弟。因此，進附中是既得名師指導受業，又有才高優異之士伴讀，對年輕幼稚又好強好勝的我，堪稱一大吸引力。自然，做附中的學生雖非真的浙大學生，卻也沾點仙氣，使自己自負自傲的心得到些許滿足。所以，考上附中不只是有外表（浙大的名氣），而且有內容。

記得各校考期不同。女中最早，附中其次，杭中居尾。未考附中以前，即輕易考取女中，可是心中一點兒興奮的漣漪都激不起來，只是一意準備考附中。猶記最後考杭中的第一天，筆試第一節剛快考完，附中已放榜。看榜回來的同學即在窗外送暗號報佳音。當時我心花怒放，真有得意忘形、擲筆一走了之之勢。結果是強自忍耐。在考場敷衍塞責的完成了兩天的考試。心不在焉的結果，自然是杭中名落孫山，但卻竊竊自喜。而今回想當時情景，一切尚歷歷在目。

第一年，在城裡臨時校舍就讀。因距離浙大校本部不遠，時常喜歡結伴去觀望。如今依稀記得沿河的「求是路」，雖非柏蔭大道，但也寬坦自然。河畔尚有垂柳點綴，風光甚美。校本部常有文化活動，我們也有欣逢盛會的機會。有教授子弟為伴，承辦活動的同學常讓我們理直氣壯的免費入場。看話劇，聽馬思聰的提琴演奏、管夫人的演唱，看新疆舞蹈，心中感到無比的興奮而且驕傲。坐在那些大學生當中一起欣賞表演，自己似乎已自我升級，平添幾分風雅。

不久，附中遷至華家池，與農學院一起，我們的吃住都附屬在大學部內，因此有過一年多與大學部同宿舍的經驗。那些宿舍裡的大學生，自然變成了我們朝夕相處的生活偶像。他們不只是學問高深莫測，即使是風度穿著，言談舉止也都在我們的模仿之列。耳濡目染，不覺得養成些「自大」的心理。猶記當年滬杭一帶流行的「三點水冬裝」，女大生戴紅圍巾，穿藍旗袍，下面是黑長褲。三圍並非重點，可硬是別有一番翩翩風味。男同學也有長袍圍巾的裝束，看來十分儒雅。

當年，浙大因是國立大學，學費收得不多，膳宿費由校方貼補。不少學生是抗戰時入學，隨校由大後方遷來杭州，以校為家，生活自是不寬裕，但患難之交，彼此感情來得更形親密。我們這些幸運有家在杭州的附中學生，不自覺的也感染到那種親如手足的氣氛。這或許是為什麼心田裡，對那段日子的人和事，烙印得特別深的緣故。

曾記那時，每在課餘之暇，與三兩知己徘徊在校園農場裡，睡在收割後的草堆上，看天上白雲蒼狗，吃著同學父親農業實驗室裡甜蒜泡菜，加上從地裡挖出來的紅薯地瓜。說說笑笑，樂在其中。當時雖然已是烽火處處，對我們這一群不識愁滋味的少年，華家池是我們的世外桃源。

只是好景不長，當年笑語盈盈的日子瞬夕即散。初二下尚未念完，就身不由己的踏上了兵荒馬亂的旅途。驚魂甫定時，已身經離亂，終站到臺灣。我在附中只短短的念了不到兩年書，可是卻深受栽培。後來逃難，先廣州、梧州，後重慶、宜蘭，沒有一個學校在教學的認真、教材的活用上，能和附中相比美。內心對附中的懷念，連自己有時都驚訝。真所謂曾經滄海難為水了。

天下事無巧不成書，偏偏我和浙大的緣分處處皆是。不只在臺灣，就和在浙大教過我化學的陳效仁師有過聯絡。到洛城後，竟因提倡中國文化，我請效仁師率羅安祺國劇社來洛城州大演出《拾玉鐲》，又再見面。洛城吳守三學長的重慶飯店常是我們享用美食的所在。另外申屠光學長的賢婿、劉步達學長的長子都跟我學過中文。方根壽學長和夫人不時的總給我許多關懷。劉祖律學長則是近鄰。林妙音更是小時候的大姐玩伴。其中最巧合也慶幸的是，婚後發現外子的姐姐、姐夫也都是浙大的學長。我對這些人和事如此之珍貴，怕是因為浙大在我心目中一直有一個特殊的地位。我與浙大是有著前世註定的緣分。

現在常常分析自己對附中生活懷念傾慕的心理，也可能是出於西湖景致的烘托。杭州的風景細膩而秀雅，風情萬種。只西湖本身，畫舫一隻盪漾湖心荷叢，秀峰水影，盡在眼前，別有一番仙境的情調。但最耐人回味的，是那環湖的溪澗古廟、名勝雅舍，文化的遺跡隨處皆是。逛西湖有如吃橄欖，剛吃不太有味，但慢慢的細嚼才滋味無窮。

當年我解事不深，一無牽掛。大人儘管為戰亂愁煩，並未打擾我們遊山玩水的興致。有暇即邀遊在古寺湖山之間，那份生活在國難夾縫中的日子，湖邊臥垂柳，深山尋桂香，真賦予我陶冶性格的環境。蘇堤橋畔，藝專畫廊是我們時常流連的地方。赤了腳，順河而上九溪十八澗，看村人焙茶、喝虎跑泉水，訪岳飛墓，看靈隱寺的香火，是這一生難忘的雅事，是家國情懷的無限嚮往。

另一個使我懷念附中日子的原因，應該是杭州的社會風氣。當時的杭州，較商業中心的上海更為樸實，也比以政治為重頭戲的南京來得安靜，但文化活動卻獨領風騷而且大眾化。許多京滬名人和藝文團體，都以遊西湖為由到杭州來表演。旅遊來訪的表演，不要求天價的酬金，因此愛好文藝的中產階級人士和學生，都還不覺得阮囊羞澀得買不上票。

戰後的杭州，則是文藝復興的名城，文學書籍和各類報章雜誌都極為普遍，各國名著的譯本更是蜂擁而至。加上浙江大學、國立藝專和空軍官校，文萃盛極一時。有幸家住正中、開明幾大書局的後院，正是少年未識愁滋味的年紀，家事國事天下事與我一概無關，整天只迷在書店裡，不分英、法、俄哪裡來的小說，囫圇吞棗，只管看得昏天黑地，接受那些著作的啟蒙和薰陶。相信這些讀物會帶領年輕人對西方世界生活習俗，有一定程度的了解，不免有些開展了眼界。

這些大書店風格不俗，店裡放些桌椅，以供顧客閱讀之便。我也因此得以心安理得的賴在書店，飽覽許多文學名著。現在回憶，在杭州的兩年多，看書的環境和浙大的接觸是開啟我智慧之門。狄更斯（Charles Dickens）的《大衛・考伯菲爾》（*David Copperfield*）、《雙城記》（*A Tale of Two Cities*）、《孤雛淚》（*Oliver Twist*）、《戰爭與和平》（*War and Peace*）讓我深為情節感動，小說的時代意識也讓我認識歷史。《簡愛》

（*Jane Eyre*）、《傲慢與偏見》（*Pride and Prejudice*）、《咆哮山莊》（*Wuthering Heights*）、《小婦人》（*Little Women*）和《罪與罰》（*Crime and Punishment*）、《父與子》（*Father and Son*），在我心裡種下了自立的精神，辨別了人格的高下，灌輸了社會知識和對是非的看法。當時西風東漸的浪潮，引起一些中國新文藝作家澎湃的創作，新潮作家如：老舍、朱自清、豐子愷等，都吸引了廣大的讀者群，我自然也是忠實的一員。

這些片面的境遇，和近兩年附中的學業，對我以後的思想行為有極深的影響和薰陶。我醉心文藝的一點修養，也應該是發芽於那個時期吧。

我與北一女——欣聞母校為記念江學珠校長籌建學珠樓作

我與北一女有奇妙的機緣。一生中兩次踏進綠意盎然的校園，都有不平常的際遇，而兩次的經驗，都成為我一生命運中的轉捩點，使我有過深刻的領會。這大概是兩次所受到的困苦，不但幸運而又毅然的度過了難關，更讓我在幾乎無望的掙扎中，得到重新振作的機會，進入一個自強的新境界。而這兩次奮鬥的背後，都和江校長有不可分離的淵源。對一個成長中的年輕人，在挫折和失落的邊緣，是要依賴一個有智慧有承擔的長者來引導和鼓勵的。

第一次踏進綠園北一女是一九五二年春。那時大家才由逃難的驚濤駭浪中脫出險境，在偏僻的宜蘭稍作喘息，嘗到些許平靜。接著，又緊鑼密鼓的為未來前途打算。學業荒廢一年多尚不自覺，待我隨家人遷居臺北時，竟以無比的勇氣問鼎一女中，並考插班高二下學期。至今猶記得，考取後註冊時，教務處告訴我，這級的插班生只錄取了你一人隨班上課，而且校長的意思是排入「忠」班。當時心中只覺無比的幸運和榮耀。絕沒想到這小小的僥倖，卻帶來了一年多的「苦難生涯」。

原來這一年半以後就要畢業的四班，是以成績分班。忠孝二班是集中是屆精英才俊的高班，這兩班是特別要在考大學的試場裡，為一女中創校譽的，許多是京滬一帶名校轉來的學生，加上臺北本地書香人家的高才子弟。而各科老師也是江校長旗下的大將，這些同學不只用功而且聰明，加上老師的緊逼和鼓勵，到高二下，每門科目都已經在為考大學作複習和準備。

我一進去就覺得風聲不對，樣樣功課都模不著邊兒，跟不上趟兒。本來尚有那麼股自信和蠻勁兒的我，無論如何日夜苦讀，也無法與人並駕齊驅。對一個十六七歲的年輕人，那種一向為「雞首」的驕傲，在勉強作「牛後」的情形下消失殆盡。一年下來心身疲憊不堪，但是每次在操場上遇見校長時，她都要特別問我一句，「還趕得上嗎？」這一句提神的話，在我必須力爭上游的心情裡，直覺的是激勵和愛護。

現在回想，我當時勉強考上插班，自覺是大幸。但成績定是剛在及格的邊緣上，而特意將我安排在優秀天才的班上，是要試驗一下我的潛力。在離考大學只有一年多的情況下，這樣的插班生如果跟不上，就只好降級慢慢念了。而我竟然在困境中得到機會和鼓勵，在逃難中荒廢了的學業得迎頭趕上，若沒有這番折騰，怎能就一步跨入巍巍的大學之門？

第二次進母校的大門，更是榮譽加上幸運。師大畢業那年，成績不錯，應江校長之聘，返校到分校任教。那年是第一次不憑人事關係，而由師大國文系直接根據各校出缺的情形，推薦畢業生。記得校長叫我到她辦公室面談的時候，她還清晰的記得我當年在校時那狼狽不堪的日子。臺灣地方不大，當時各大專中學校譽的等次，都彰明較著。能被一女中母校召回去教書，即使是在分校，也覺得有無比的殊榮。那種雀躍的欣喜，與當年插班進一女中是一般的心情。雖然教書的薪俸有限，但對一個剛出校門的學生，這樣的第一份工作，無疑的是人生無數夢想中，所能實現的頭一個。

然而，年輕人的心是充滿了那麼多彩虹般的夢。在短短一年的教書生涯裡，卻為自己安排了太多的計畫。出國留學進修的渴望，迫使自己這國文系的老夫子不得不苦修英文，準備留學考試。不幸一年尚未教完，竟因與同事的糾纏，而不得不到校本部去見校長，申述一番近況。記得校長神情凝重，什麼都沒問，只簡單的說了幾句話，要我努力用功，好自為之。她那種愛護而不姑息的態度，讓我一下子又覺得，像當年一樣，我又被安排到「忠班」念書去了，這個留學考的一關是非闖過去不可，否則無法自清。結果，在我心情最困苦煩悶的情況下，留學考試竟然順利通過，不只留學的夢實現有望，更直覺的喜悅是，對愛護我的師長、和關心我的朋友們，有了不負厚望的交代。

記得留學考試放榜的那天，家人為我高興，摯友為我祝福。他們都知道這個新關的方向，對我有多麼的重要。立刻，我被聘去師大附中本部任教一年，讓我在出國以前，嘗盡了「得天下英才而教育之」的滋味。當時大家都是一職難求。而我竟然高升，得入兩大名校繼續工作，我完全明白這是江校長認可了我所受的委屈，一年的努力有了實際的成果證明。她在默默的觀察我的言行之後，作了如此的安排。自此，幸運之神為我架起了華美的彩虹，我攀沿著，來到了這太平洋的彼岸。

這兩次生命中的轉捩點，都依靠了江校長的許多鼓勵和支持。沒有她「忠班」的安排，我不會接觸到那麼多聰明上進的同學，更不會竭盡自己所能有的，用才智和時間，考入大學。第二次在我處世不深，不慎而造成自己滿心煩惱的時候，校長給我自強自勵的指點和嚴肅的考驗。她在為難的校政紛雜中，為我安排了工作，澄清了我一切的糾紛，讓我在離開臺灣以前的一段日子裡，受到照顧和慰藉。或許在我來美後，誓志於學教育，又一直高高興興的在教育界工作，都是她那教育家風範的感召吧。

我與師大

浸潤在佛家人生觀裡的中國人，常愛說「三生有幸」，而我則應是「一生有三幸」。前二幸分別在〈我與浙大〉和〈我與北一女〉兩篇短文中記述。現在尚有一幸——〈我與師大〉有待述說。

在中國抗日戰火初熄，而內戰尚未全面點燃的三年裡，我幸運在山明水秀而文風頗盛的杭州，度過了無憂無慮的一段少年日子。那時，中國躍居世界五大強國，文藝的境界也跟著廣闊起來。著書、譯書，以及文化活動有如雨後春筍，自由而開放。我雖年紀不大，卻因家居書肆鬧區，得以翻閱許多世界名著。又就讀浙大附中，得以看到各樣藝文活動。這段愉快的生活，為我栩栩求知的心田，早早的拓展了一片廣闊燦爛的文藝天地，播下了此生「與文共舞」的種子。只是這顆發了芽的種子，卻要待日後在師大求學的過程中，才得以茁壯成長。

舉家到了臺灣，兵荒馬亂定下心來，先在宜蘭小城蝸居，過了兩年樸實恬靜，但清苦單調的生活。對一個過慣了鬧市城樓、多彩多姿生活的年輕人，失落感自是相當巨大。除了作學校的課業，圖書館、親朋家裡找不到什麼新鮮讀物，只覺書市荒蕪、心靈空虛。一直到入讀一女中，才又接觸到琳琅滿目的人和事，枯竭的心靈漸漸復甦滋潤。啟發受益之後，一步踏進了師範大學，走入自己文藝天地的國文系，這四年時間，雖然走馬看花的窺視了中國的文史天堂，但卻為我封閉的心境開啟了一扇慰藉之門。這扇門後的世界為我的生活遮蔭，為我正待成熟的年輕生命，樹立了認識自己文化的基石，更為我以後在美國的學業、事業，找到了方向。這種種，都要歸功於師大四年的教育，這是一生生活中珍貴的一頁。

五〇年代，臺灣經濟尚未起飛，家家都靠公務員的薪水袋過著清苦的日子。許多人驚魂甫定，認清現實以後，開始對隔岸的家產錢財望洋興嘆。一般由大陸遷臺的人，都有很深的挫折感和無奈。孩子們有感於父母們的拮据和煩惱，也都想早早自立。而我的情況是，命運為我安排妥當，我一跨入師大，吃住就都有了著落，加上公費零用錢，自己再教個家教，就完全可以有個小康的局面。

更可喜的是，師大國文系當時集聚了許多國學大師。我們正趕上他們遷臺後安定下來，開始調教的前幾班學生，所以受益最深。老師們有高鴻縉、高明、李辰冬、程發軔、謝冰瑩、潘重規、蘇雪林，真是集一時之盛。我得以一沐春風，應該是我人生三幸中最幸運的大幸。這四年的學習，讓我對中國的傳統文學有了正確的認識，讓我那些飄渺的文藝思維有了初步的落實。這不能說在我們畢業時，個個都已經是學養有成的學者，但是四年的受教，對我們將來進修和做人處世，都有極大的影響。

六〇年代，學國文的到美國來留學，說的好聽是「鳳毛麟角」，整個南加尚無同類；說的諷刺一點兒，這「奇珍異獸」怎麼在美國這個極端工商化的西方國度裡安身立命？實際生活上的困境容易突破，但是如何安排學業，而最終能有個精神上安頓和諧的事業，卻頗費思量。

師大畢業後，海闊天空的心態，加上對西方文明的憧憬，慫恿著我負笈西土。等到踏進美國校園，面對諸多選項，肚子裡的中文書袋開始激盪。文字學、唐詩宋詞、新儒家，現代的白話文不可能一筆抹煞。求學的初衷已是身體裡的固體細胞，而更不願為不合理想的工作而隨意折腰。於是，我抱著師大教育的傳統，毅然進入教育系，希望藉著西方教育心理學的啟迪，使我能深入的瞭解東西方的傳統。

巧的是，跨入了洛城加大（UCLA）的門框念到一個段落，正苦無出路的時候，竟因緣際會的教起中文來。自此重蹈舊業，以往的文藝興趣有了著落，師大所接受的國學知識派上用場，加上教育學位的配合，竟然給我鋪出了一條學以致用的路，有了一份專業安全感。在這商業繁華、科技掛帥的西方國度裡，在同輩都紛紛進入理工領域的時候，我欣慰的找到了安身立命的事業，獨樹一幟。於是沾沾自喜於自己傳道受業的生活，雖然與眾不同，自覺並不遜色。

滿懷夢想，我誓志揭開古老中國的面紗，從六〇至七〇年代一直努力提倡中文教育，進而在社團促進中華文化的溝通瞭解。那時美國尚未有中國熱的浪潮，洛城僅有加大、南加大兩所學校有中文和文化課程。而我則信心滿滿，竭盡一切能力，希望在洛城州立大學建立第三個學習中心。這所大學毗鄰中國城，很多學生來自移民家庭，當時自己的構想是，讓自小來美的中國學生在大學也能進修中文，知道自己文化的根苗。同時期望西方人由學習中國語言，而進入中華世界。這一切理想，絕對是師大四年學習的孕育。

我也曾因應工作的要求，一面教書，一面重新進入研究所進修博士學位。沒料到我在自己本行的進修並不順利。師大四年的國學研習，與西方人研究文學的著眼點有很大的差距。當時師大老一輩的學者，多半專心於中國學問的傳授，並不講究如何與其他文化比較溝通，或以西方文學理論解說中國文學。何況中國有幾千年浩瀚的文學遺產，老師們才領我們摸到一點兒邊兒，他們哪裡有心情再進入比較文學的境地。

因此，當我在美國進入西方學術聖殿的大門，一時之間老夫子們教的一套知識，竟在求學之路上斷絕，好像手捧著《聖經》卻找不到教堂。但當我試著探討西方文化教育的同時，驚訝的發現師大四年所學所聞的國學知識，已在我心中穩如磐石，是我印證和比較中西文化的基石。既然沒有西方文學的基礎，我就直接用中國學問在課業上作研究。不假借西方理論，這樣比較踏實。但是好事多磨，在我追蹤既定的服務教育目的時，讀博士的途徑卻中斷了，所以捨漢學，在五十高齡，又重起爐灶，遠赴美國東部，開始為教育博士學位奔波。這個階段，頗讓我有精神分裂的現象。筆下是教育問題，腦子裡又盤算如何教中國的詩詞歌賦和孔孟哲理。於是中國語言文學文化和西方教育這兩個專業，不斷的在我生活中相遞輪換，學位和研究課業也都在這兩個圈子裡打轉。

終於按照教育系規定，在西東大學三年修完課業，返家寫博士論文時，又重回教中國文化的舊業。論文的題目雖然是「美國大學錄取制度和中國移民的社會問題」，可實際的著眼點，應該是中國文化對學生學習的影響。題目設想新鮮，導師隨我自由發揮，可惜時間短，沒有能把中國文化傳統和「人」的教化問題再作精細的探討，然後貼切的和美國大學入學標準一起作結論。想想自己對這兩種學問一直鍥而不捨，應該是源自師大的根。回想在師大念書時，老師們教授我們的，都是「人」的學問道德。這是國學的精髓。現在反映在海外中華兒女的教育問題上，也是一樣。

許多親朋都同情我從事中文事業的清苦，勸我改行或休息休息。我則心有未甘，沒在木行瀟灑走一回，頗有壯志未酬的感慨。我的一生，在師大有幸得到許多名師傳道受業，師長們的學問和人格，也給了我無比的智慧。他們在為師之道的尊嚴裡，能給我們的最大啟示。當我面對學生授課時，過去老師們學者的風範就是我的典模。這些標竿，在我求學做事定居美國的過程中，領導我走出了一條自己的路。碩士論文就談的是中國的「師道」。一九八一年在洛杉磯的校友會重整時，我義不容辭的做了兩年會長。覺得自己尚未能成全老師們的期待，也只是想為母校在海外盡一點反哺之勞。

人生三部曲

我曾寫過幾篇有關自己的求學經歷，在回憶母親的生平時，也勾畫了我小時的成長環境，童年在無憂無慮中度過，大家庭裡祖孫三代的群居的日子，養成了我愛熱鬧的性格，成長的階段算是甜蜜無邪。至於我第一段青少年的生活，雖然經驗過倍嘗逃難顛簸之苦的日子，但是命運之神尚未把災難的責任放在我的肩上，在家庭父母的羽翼下，沒有流離失所。回看這一生，那段青少年的苦難，只能是人生旅途上的序曲罷了。

事實上我的人生第一部曲，應該是我成年後跟著《結婚進行曲》開始的。如何交友，又如何留學成家，是我曲目的開端。但是此曲並非只吾有，也有同輩與同甘，早期留學友人間應會引起共鳴的回憶。因為來美留學結婚，是我輩共同的步調。再說我第二部人生的曲子，寫的是酸甜苦辣的留學求職生涯，那是充滿了壯年血汗奮發的日子，走過了，卻還在餘音嫋嫋，記憶猶新。而現階段的第三部曲子，應該是個尚未結束的樂章，因為人生還沒有走到盡頭。只是自曾垚得病開始，到他去世結尾，把五十九年的婚姻生活告了一個段落。這第三部完結篇的結尾最後一段，不知可否自己完成？

如今我又重振老年風采，把未完成的寫作，興致勃勃的重新寫過。這整個的三部曲，是我如何與先生結合又如何分離。思前想後，漫長的歲月裡，有濃情蜜意，有爭吵無奈。值得著墨。

第一部曲　曲折走來，柳岸花明

臺灣是個孤島，卻在一九四九年後，變得不孤。接收了成千上萬的大陸人，那些可能被趕到沿海荒山野地裡去的各省同胞，都來到了臺灣。我和曾垚就是漂洋過海來臺的孩子。五〇年代考試院清苦大院裡的青年。生活談不上浪漫，那時大夥都才在逃離大陸的驚濤駭浪中誠惶誠恐的安下心來，家家都還在適應臺灣生活，規規矩矩的過日子，一起長大的左鄰右舍同伴，在父母的期盼和叮嚀中，兢兢業業的念書考大學。大院裡的孩子都挺上進自愛，哪來的閒情談戀愛？

我進一女中時，曾垚已在臺大，我們自然相熟，但是各有前程。未達成人境地，彼此相慕而已。我進大學後，家裡兄弟姐姐都正是年輕活潑的年紀，每天談談笑笑，好不熱鬧。曾垚是獨子，四姐妹都不在父母身邊，父親年邁，母親的奉養自然由他負擔，養成他謹慎小心的性格。但家裡清淨，很喜歡來我家混日子。婆婆日後告訴我，他那時「返家如蜻蜓點水，轉身即逝。出去如老牛推磨，一去無回。」那就是他常到我家來的時候。

記得我們第一次約會。我已經大四了，去碧潭划船是當時最流行的。遊了一趟，下船時他遍摸口袋，空空如也，一文不名，忘了帶錢，還得我付帳。返程路上餓了，還給買了餅乾。就這樣沒幾次的單獨見面，談談藝術文學，我就畢業了，而他正要出國。一九五〇年代，臺灣和美國全然是兩個世界。他將老母一人留下，隻身出去闖天下，肩上負的是家人的期望。眼前是要到他鄉異地拚事業，前途未卜，自然有些茫然。而我才畢業被聘到一女中教書，一切都才開始，各人心裡都是滿滿的未知數，誰能有任何許諾？

記得他走的那天，我在學校，心裡寂然，看到天上的飛機，想他一早已沖天而去。渺渺歲月，此情只待成回憶了。卻沒想到，中飯後，我在校園操場上散步，遠遠處，他竟然大步走來找我，說是飛機晚了下午才飛，他從機場趕來告別。如此的道別，事非尋常。彼此相許的心願能沒有嗎？

那個年頭，臺灣還是反攻克難的時代，經濟尚未起飛。雖然大夥都已畢業就業，但是年輕人都還是壯志未酬，各自尋找更上層樓的機會。人人期盼出國留學，使前途一步登天。曾茧的留學，是朋友圈裡羨慕的事，而我身邊的好友都是學文的，自然大多準備留在國內念研究所。我則兀自思量著：「男兒志兮天下事，但有進兮不有止。」常年來心裡牽連的少年時代，更時時的在召喚對西方世界的憧憬。我想跟上潮流、邁向國外，但明白自己既非高官富賈的千金，也非才高過人的科技或外文人才，更沒有海外親朋或教會的關係，但憑著一片彩雲的幻覺，期望能高高的飛起，滑翔到海外廣闊的天地，攝取一些西方文明，看看大千世界。於是，我默默的為尋夢的遠景努力——補習英文、嘗試留學考，想不到天從人願，竟然在我工作一年後，登上了留學考的金榜，隔年負著旅費借債的深情，整裝赴美。

記得母親盡一切舉債，為我買了機票，好像是送遠嫁的女兒。那個年頭。坐的是螺旋槳飛機，經關島、東京、夏威夷，上上下下飛了整整三天。飛機降落在加州的那一刻，陽光燦爛，樹木扶疏。燦爛的喜悅，甜甜的抹去了出國前一切的紛亂和疲勞。曾垚來舊金山接我，他每每提到我下機時疲累的樣子，說是挺心疼。

一九五九年初夏，我來到富裕安定的美國。當時我一身債，口袋裡只剩三十五元，曾垚則是靠一元一小時做木工維持生活。我們各自租了三十元左右的一間房，車子是隨時都會拋錨的老爺車，到菜場是專門買雞背骨紅燒煮麵——可是日子是燦爛的，什麼都是美好的。花樣的年華，有百般的勇氣，有無窮的展望。

暑假過了，曾垚換了工作，我也進了學校，還打個小工。日子過得快，轉眼已是入秋時節，無意間聽有人說年前結婚，可以少交兩百多元所得稅，我們聽了自然心動。家母對曾垚一向喜愛，內心已默許我們的婚事，心想早晚要結，何不一舉兩得，年前就結吧！正好曾垚的好友——陳小石和未婚妻趕來洛城結婚，於是四個人坐下來商量，他們十二月十八日在教堂結婚，我們二十四日在市政府領證後結婚。兩家婚前先各自換個大點的房子，二位男士和兩位女士分住。婚後則換伴，各自成家。如此這般，一切安排妥當。我和曾垚匆匆寫了請帖，請了三四十位留學朋友，聖誕夜晚上，大家來家裡參加婚宴，別出心裁，我們自己做菜請客，自是得意。

未料到，十二月十二日中午，我剛下課，陳家兩位和曾垚來學校接我到市府去拿驗血證件。等證明拿到，我們二十四日再來辦證婚手續。卻不知轉身走到樓下，迎面來了一位市府的法官，正在樓梯口大聲宣告：誰要結婚，此時此刻，即可以由他合法證婚。收費十元。我們一想，聖誕節車多人擠，老爺車又得重開一次，晚上還有婚宴，不如今天就結了吧！省事。陳家跟我們，本已約好互為伴郎伴娘，他們正好在場，也就算萬事具備了。商量片刻，大事即定。至此，我匆忙中在口袋裡找到曾垚早先送我的一枚玻璃戒指，曾垚臨時借了小石的，於是我們就在市府樓梯口完成了我們的終身大事。那日結完婚，各自回家，相安無事，等著給陳家辦婚禮。朋友間都不知此事，也沒跟家人交代，心想這只是權宜之計，何必煩心？現在回想，年輕人，遠離家鄉，像斷了線的風箏，只管自作主張。老一輩的人如果得知我們如此草率，定會責備干預。

十八日，陳家結婚，我倆打扮整齊，十分體面的做了伴郎伴娘，留下很多漂亮的照片，看著很是滿意，就算是我們的結婚照吧。當天我們兩對在婚宴後，就各自回了自己的家，到家後，倒覺著那天在市府成婚，雖有點不靠譜，可是卻兩全其美，如若那天我們沒結，如今陳家結了婚，為了我們二十四日的婚期，他們怎能搬到一起？既然我們已然先他們結了婚，順理成章，可以換伴。於是我們兩對新人，自然在十八日都可以各自回家，合情合法。因此這十二月十八日就成為我們第二次婚禮。心安！

可到了聖誕夜，朋友們都來參加婚禮，我們把數星期來準備的飯菜，一齊端出來，自己忙得團團轉。客人都是青一色才來美國的留學生，話題都不一定往婚禮上轉，好像是來參加聖誕夜的聯歡會，賓主盡歡。只是飯後大家盼望的婚禮卻遲遲沒有排演，一位中東來的研究生說，他等著看我們行中國古禮、跪拜天地是如何的景象。我們連聲道歉，婚已結過兩次了，我們自己也沒看過中國古禮的婚禮，無從演起，因此作罷，沒有儀式了。

等深夜餐會終結，我們在杯盤狼藉中鬆了一口氣。年終了，我們終於又結了一次婚，今年不但把婚結了，而且結了三次。這是人生第二部曲的起點，也是可喜又甜美留學生涯的開始。這以後，讓生活變成互依互勵，有了一條航海的小船。我們是二人世界，一個團隊，面對生活，不再單打獨鬥。

第二部曲　甜酸苦辣，冷暖自知

人生第二部曲，應是最轟轟烈烈，充滿流血流汗的日子。這部壯年奮鬥的編年史，就在我一九五九年底，終身大事經歷三次結合，終於完成的時候，揭開了序幕。如今回憶，這期間，我們有過夢想，曾經執意的追求，我們有過失落也有歡樂，有成功不能沒有失敗，有過爭持也能復合。等兩個孩子長大了，年邁父母送走了，轉眼頭髮白了跑不動了，第二部的曲終也要上場了。但回憶不是蒼白的，而是那千千百百個數不盡說不完的故事。

到美國留學創業，是圍繞著我一生最長的旅程，其中甜酸苦辣，五味雜陳。自知來到美國是萬分的幸運和巧合的結果，提筆不知由哪個字說起。新大陸的雄偉襯托出自己的渺小。初到的喜悅著實讓人昏眩了好一陣子，待情緒安定後，環視眾多負笈留學的朋友，個個都有響亮的入學計畫。他們身懷絕技，衍生出鮮明的人生目的，自信滿滿的找到入學和職業之路。此時此刻，我忽然落實到惶恐的境界，只因自己與眾有異，並非以科技專業作為職業生涯，此身反而是個不太合時宜的古董，學國學的沒在國內深造，卻跑到美國這個時髦的現代社會來留學。在國內沒學外文，卻要置身在英文世界進修，如何是好？

再說，原本計劃來美念教育的意願，似乎既生疏又不實際，尤其是自己空空如也的經濟口袋，要去面對眼前的生活，談何容易？一時之間一籌莫展，不知何去何從。但是英雄不走回頭路，既來之則安之，唯有背水一戰，才能面對未來的人生。當時的我，內心交戰了一個暑假，幾度深思後的結論是：不能因為要應付現實的困境，而犧牲了一生要走的路。仍然得秉著初衷，走上教育一途。就在苦思無計彷徨的關口，我有幸被一間天主教的女校錄取，受修女們的照顧，不僅學費全免，更在飯廳裡做些短期的雜事，自食自立。我慶幸得到生存的轉機，精神上十分快樂，也開始教育的課程。

哪知道，這山望著那山高。年輕人不免好高騖遠，大概是大城和大學校待慣了，我的視野還不能屈就在小學校裡。不知好歹的習性作祟，一年以後，拼著萬難，計劃轉學，終於擠進了加州大學（UCLA），繼續求學生涯。幸運的，遇到了一位循循善誘的老教育家，百般協助，耐心指導我這個半路出家的教育系研究生。由於他寬大為懷的作風，對東方文化態度開明，我得以重拾舊學，寫論文時，用教育問卷方式，把中國先賢孔子的師道和美國現代的師生關係研究一番。三年後（一九六三）推著娃娃車，帶著剛出生的兒子一起去領了畢業證書，拿到了學位。

記得那天走在校園裡，並沒有感覺到驕傲，只覺得過去所學的種種尚能和現代的知識吻合而作出成績，對自己在美國選擇的路，第一次有了可喜的肯定。現在回想，在我留學的第一階段，幸運的得到聖心學院的幫助，和加大教授的指導。他們代表的是美國最真、善的力量，為新來的年輕人建立起對美國美好的信念。讓我們日後在美國社會處人做事，都朝往好的方向。

人在追求一個目標的奮鬥階段，情緒總是趨於亢奮，一心向學的時候，只有一個目標，簡單而專注。然而一旦畢業，我頓覺精神失去支柱。走完了一段路，達到一個目標，接著是什麼？有些失落，前途無所適從。離開 UCLA 後的幾個月，心情低迷。現實情況清楚的擺在眼前：一個教育心理的碩士學位，實在不是個特別響亮的求職敲門磚。在美國萬花筒般的職場上，各行各業，經緯分明，所學致用，不適宜於通才。對一般臺灣來的留美碩士生，拿到一個教育學位，對美國歷史傳統等，只是一知半解，就業難入門。加上教育這一行，美國的中小教育圈有一套教學知識，沒有受過專業訓練是無法稱職的。如想到大學任教，非得進修博士班，碩士免談。沒有科技專業的我，見到同輩們都各自由專業而就業，而自家在職場上高不成底不就，找不到門兒入口，心裡真不是滋味。

午夜自思，壯志未酬怎能身先死？這好不容易帶上的職業婦女光環，怎能就此理炊事、帶孩子，而使生活黯然失色？哪知就在這徬徨不知所措的時候，柳暗花明，南加大的中文系，竟然給我一個助教的半職工。我以冷門的國學背景能入大學之門工作，很是得意，於是勤奮的努力教學。沒想到一年後，有了這個職業的經歷，更進一步使我得到在社區大學教晚班中文課的機會。這個夜間部芝麻小事，只是一週兩節課的工作，學生多是成人，各路人等職業雜陳，晚上閒著無事，來上中文課。他們隨意學些語文文化，我則全力為之，師生變成好朋友，皆大歡喜。但是對我而言，那種所學能被承認致用的喜悅，真真的是無法與外人道也。

雖說婚後生活溫飽已不必顧慮，但作為一個知識婦女，這小小的教職和少少的收入，卻讓自己在生活中有了尊嚴。尤其最慶幸的是，當理念和興趣在現實生活中找到了依歸，職業有了發展的方向，人生目的就不再徬徨了。如今回想，最可喜的是，自己沒有心存僥倖，為五斗米折腰，落在不相干的行業裡，讓生活從此支離破碎。

天地之大，林林總總。我在晚上教書兩年之後，借此資歷，竟然有幸在洛杉磯州立大學（L. A. State U）謀到一份日間的教職。這是留學後最精彩、也最酸苦的就職第二期。這應是「升職」到州立大學，不再是夜間部課程，雖是兼職（part-time），但能在四年大學裡任教，是我就業以來跨出的最大一步。不但有了新的教學環境可更上層樓，更提高了學術視野。

六〇、七〇年代，南加州是跟著西部開發計畫尾巴的文化沙漠區。在那個沒有**噴氣式飛機**（**Jet aircraft**）的年代，遙遠的「神州大地」像幽靈似的，完全不存在美國人的視野裡。中文、漢學都是冷門的課，只在大學的廣場上現身；洛城僅僅兩所大學有亞洲研究課：USC，UCLA，課程卻是古董般的高高鎖在考古、古文和佛經的書架上，誰也不敢用貼近現實的話題觸犯冷戰聖殿。環視周遭的同行，我是南加州唯一來自臺灣、以中國文學為專業的教育人才，因此這個職位對我可說是萬般可貴，自覺可以獨當一面，在這所大學發展，前途可觀。

對尋夢者的我而言，抱著冷門的古老文化知識，在這個人海茫茫的洛杉磯，在中國城附近的加州大學，因緣際會的闖了教育界高學府的廟門，得到了教中文的這份兼職，真正是應上了「天生我才必有用」的箴言。放眼看，那眾多親朋中，西風東「建」的狂潮，把來美的同輩們都培養成科技專才。美國在七〇年代對高科技人才的渴求，使一輩年輕才俊立刻在工商業競爭的巨輪中覓得理想工作，在現實生活中飛黃騰達，享受現代化的生活，在滿足於物質世界構築出的美夢裡，科技場上的朋友們涉獵到人文思想的興趣自然比較淡薄。朋友間對我的職業和自我珍惜，自始就認為是個不同的人（學國文）遇上了平凡的事（教中國語文）。沒啥！但在我的眼裡，這個小事偏偏是一個看似平凡卻又極不平凡的大事。

加大外文系教職員有二三十人，是個文化的聯合國。各個文化都爭先恐後的要求開課。精通各國語言文學的教授們，有如自己國家的發言人代表，言談行事都極端的展現該國的精華傳統。因多是原國籍出生，移民到美國在名校深造畢業，談古論今自然都是自家瓜甜，為發展各自的課程，吹捧自己「文化的燦爛」自不在話下。西班牙語文就有六七位教授。從歐洲的正統西班牙語教到南美各地，法語、德語高高在上，俄語則不被納入歐語，日文搶在前頭獨霸亞州，偌大的中華文化就被放在冰櫃裡，畏畏縮縮。多年後才找個兼職的老師來教，那就是我。

在我們中國人的眼裡，他們都是「大鼻子」的外國人。但在「非黃種人」的西方環境裡，這些英法德義的「洋人」，加上西班牙、南美混血族裔，還真是西方大世界的小縮影。他們之間在人種的分類和歐洲文化的源頭，祖宗八代背景，壁壘分明。觀察同事之間的關係。可感覺到西歐和蘇俄斯拉夫民族的不同調。中南美洲雖然都是西班牙文化後裔，可是種族傳統的演變，加上政權各自為政，導致文化差異其實很大。

文學自然也各有千秋，身處在這個激烈競爭的環境裡，雖廣增見識卻也頗多波折。而我依靠著中華千年的文化，又不免自負，「前無古人，後無來者」。雖從兼職起步，卻努力發揮潛力，大力推動中文課程，自覺頗有競爭力。

這個不起眼兒的職業，對我來說好像是在這花花世界裡，抓到了一顆非我莫屬的小晶球。它本是晶瑩而能千變萬化的寶石，閃耀著遙遠的東方燦爛古文明，但在冷戰的大氣層裡，它被冷落得縮頭縮腦，在職場上塵封，光澤不再。而在遍尋工作一無著落的我眼裡，它卻是盞可以擦亮的神燈。它的潛力是外行人無法捉摸的深湛，它包涵的光熱必須由有心於中國學問的人，才能夠透視。

初看來，它的範疇只是 個個的中文方塊小字，引申出來，字裡行間實則包羅萬象。加油點燃後，會看見它涵蓋著整個亞洲遠古文化的傳統。大學生的思維，不可能讓話題只停留在小方塊字的形體上。於是我竭盡創意，以自己的見聞，盡情發揮每個小方形字的意義。我把這小晶球的神功發揮在我的半畝方田，開闢在美國自由的校園裡，受著學術氣氛的環繞，又有周遭中國城移民團體的贊助，這個州立校園就成為我精神世界裡的豐碩園地。年輕的我，使出渾身解數，用中華文化的人文地理知識滿足學生的好奇心，沾沾自喜的在這個小門小戶的瓜園裡，如魚得水，每天忙得樂樂翻。

而加大附近的中國社群，也頗有些特色。六〇、七〇年代，美國移民政策放寬，由香港來到中國城定居的家庭遽增，這些父母忙於生計，無暇為孩子們安排文化活動，適齡到加大來念書的學生很多，外文系開設中文課，讓他們在文化上有了認同感——由於美國的大學承認了他們的文化根源，因此十分欣喜，自尊心無比提高，所以華裔居民對中文課很熱情的支持，進一步膨脹了我的自持。對我來說，儘管東西文化不同，但內涵沒有等別之分。讓這些學生認識自己的文化傳統，是很有使命感的工作。

為了提高學生中文課的興趣，我也運用個人自覺的才華和興趣，教些淺顯的現代文學，另外加上些課外的活動來配合中文課程的發展。在與日文系激烈的競爭下，我提倡用頂尖的文化活動來招攬學生，讓外文系裡這中文課的小天地蘊涵些新穎的節目：音樂藝術、京劇舞蹈、針灸熊貓……，都在七〇年代以先進的姿態大膽進場。我傾我所知所能，希望課程融洽的自成一體。我稱這貧瘠的半畝荒地為我的小小瓜園，全力的自栽自種，不託他人之手。當學生由六個增加到百多人，這份教職頓時成了我的生活重心，成為我安身立命的獨門小戶，瓜田自有收成，並藉此撐起了中文系的一片天。如今回想，所謂「弱水三千，只取一瓢飲」，正是我的心情。慶幸與人無爭，在職業剛起步的階段，曾經過那樣轟轟烈烈的時光，讓我有十年磨一劍的感動。

在此同時，領會到早期移民在美國求生的不易，他們是那樣殷切的盼望中國同胞出人頭地。許多商家和早年在中國久住的傳教士，都很熱心協助推廣相關的文化活動。更因過去的生活經驗，進而組成中國文化研究社團，我也熱心的參與他們。自己一點見聞和知識，不自覺的流露在社區活動和語文的課堂上。在當年的中國城，每月的文化講座，我們有過風光的成績。沒有官宦家族廣為遮蔭，沒有外人加上的人工肥料，我常將自己教書生涯的沾沾自喜溢於言表，這些經歷，寄望親朋好友領會其中的辛苦和顛簸。若說我能有自賣自誇的成績，甜則自在心頭，受人奚落時則冷暖自知，一晃就是十個年頭。

六〇、七〇年代，我在與強勢的日文競爭下，分庭抗禮時，有過慎重的預感和考慮。教職的外文系有多樣語文，中文後到又快速發展，我得照顧中文課程的內容，又要為學生程度分班。但我是先闖進了校門，沒有博士學位，這起碼的證書是自己一大危機。另外，在教書方面，深知中國「文化世界」在近代史裡的糾葛和複雜性，在那國共兩黨尚是猛烈拼鬥的生死一界間，中國文學被夾在「文攻」的炮火中。左受「文革」毀滅，右受「反共」限制。遠在美國，有眾多社區的「中國通」，所教課業材料也不能免於牽連。

話分兩頭，先說說教書的難題。冷戰的年代，學中文非熱門，一個人教百多個學生，包辦整個中國文化，從七〇年代一路走來，先從語文教起，再能教些文藝，箇中滋味，有困惑、有驚喜。學生程度不齊，教材分班都頗費思量。有些學生已經有一定的中文閱讀能力，選讀的材料就費考慮，不能只教認字。當時的我，為了挑選教材煞費苦心。早期東部名校出的教材，有五四前後的文章，臺灣禁，大陸鬥，美國則一概不知，可是又一概的不知其由。對我們念國文系的，又要顧及「國學」的傳統思想，以文化中立的立場選課文，不易！左右為難。於是我做了一些勇敢的決定：

秉持著發揚中國文化的前提，課堂上話題不崇拜或批評任何中國的「政團」、「政治人物」或「政治運動」，避諱觸及最尖銳的矛盾議題。大陸臺灣山川文史都可以談，但不偏政治左右。選些純文學的小品，把近代文學如胡適、梁實秋、魯迅、老舍、朱自清等名家作品都加入教材。撇開文章的作者過去的歷史或身在兩岸何處不論，只因為他們代表中西文化衝擊的時代，很有些創新的精神，就可以進入我的課堂。我認識到的只是民族文化的前途，以六〇、七〇年代當時的政治框架，是分明有左有右，我則執意讓文學獨立於政治的藩籬之上，自覺是別出心裁的教學。不完全依循臺灣文藝界的限制，也為近代作家在文革的惡運鳴鐘。

我做為現代人，受到西方文化的洗禮，精神上已無法被桎梏在古文古事裡。過去在中國的見聞既不能抹滅，美國現實的職場更觸動自己無法節制的許多靈感。堅信自己可以努力的站穩教學的立場，不沾政治宣傳，左右逢源。願以此使許多矛盾現象迎刃而解，但是走起來絕非坦途。

現在想想，四十多年前，我專著於自己的一點志向，忙得像鍋上的螞蟻，忽略了當時華裔僑社的社會時事情況，完全輕視於那極度複雜的「中國世界和中文世界」。自以為身為美國公民在美國學校教書，只要言之有據，沒有政治活動行為，秉持發揚中國文化的初心，亦無不可。美國是個言論自由的國家，當年避談時論政治，對古今中外的衝突和中國現代思想的變化，都以文化的角度有過言論。雖然朦朦中不知自己的教學理念，可能是我日後惡運的伏筆，但我很珍惜自己的創舉。說我是擇善而固執之也好，說我是抱殘守缺也行。要有人美言我是獨創一門，領風氣之先也無不可。十年風水輪流轉。如今改革開放的中國社會，文人學者在兩岸和美國，都可以交流及學術討論，一片大好現象。

再來說說教職的坎坷命運。四十多年前，一職難求的冷戰時代，自覺能幸運到這個大學教書，更以兼職而晉升全職，是先斬後奏的過程。當時若想繼續主管、發展中文課程，必須得完成博士學業，否則就沒有永久聘約。為確保能享終身教職，在家事和教學的雙重壓力下，我狠下心冒著犧牲家庭孩子的風險，百忙中毅然進入 UCLA 東方語文系博士班進修。當時中美關係不通，沒有新課題可以研究。博士班的要求非常苛刻雜亂，課程表列出來，竟然要完成三個外語：日文、法文和德文修學分或考試，之後還要三門本科課程，才能符合考博士的資格，而我的教育碩士學位竟不能被承認。等到四年後，我拚命衝刺到了極限，一切終於都合了要求，於是請了一學期的教書假，準備資格考試。但好事多磨，我竟在考後被告知博士資格不能通過。毫無防人之心的同時，州大也下了「哀的美敦書」（最後通牒，源自拉丁語：Ultimatum），永久聘約無望。請來代課的同學，因先一步念到博士學位，就明正言順的拿下了我的職位。更出乎意料的是，這位同學更在此時上告日文同事和校方，批評我多年的教課不當。抹去我十年的自傲，這一根稻草把我澈底的打倒了，十年種的瓜田就此易手，四年的忙碌求學奮鬥，至此心力交瘁，春秋大夢一場空。自己有如未披盔甲的戰士，毅然上陣，各方弓箭相迎，遍體鱗傷的歸田。

想想我當年的生活，有如「五馬分屍」。一肩三挑，一個人教百多個學生，兩個孩子年幼，家務繁重，加上博士班修課，生活忙碌的程度已至飽和點。這趟念書進修，有著一般同輩們全沒嘗過的惶恐和困難。早上六點要開一個多小時的車去教書，中午再開車一小時到 UCLA 上課，等最後一小時開車到家，已是天黑，能顧孩子和家的時間不多。不知自己哪兒來的「精力」，這樣的日子竟然堅持了三四年。一根蠟燭兩頭燒，是努力過度，竟然失去了耕耘了十一年的教職。轉瞬間，我燦爛的人生在五十歲不到就被人劃上了句點。我別出心裁的努力，不左不右的教學作風，正在如日中天的盛世，卻樹大招風，一陣狂風暴雨後，辛苦耕耘十多年的瓜田，在一年間被移種接枝，匆忙結束。我經不住如此變天的打擊，結果是大病一場，進醫院開刀，了卻了人生一大劫，保了小命，沒見閻王。

我的工作就此壽終的情況，家人也渾然不知其中緣由。如此忙碌的人，卻突然閒坐家中，整天無所事事。情緒處於低落狀態。每天如坐愁城，心裡清楚自己的遭遇怕是早有人設下了連環的佈局。這丟學位又丟職位的骨牌效應過程，頗有無法解釋的無奈。好在我在失學又失職的衝擊中神智尚未出竅，閉門思果（過）的同時，這才開始痛心的分析，惹來如許的惡意競爭和失敗，箇中別有道理，但還是保留百思不得其解。

失業的主因，自然被告知是緣由博士學位失學，然而我是在職學生，有工作，應是UCLA系裡光榮，為何給我斷絕？如今回想UCLA給我種種不合理的條件，無視我的熱心安排，竟然在停了我的學位的同時，以自己畢業生代替我的職位，實在過分！另外，以一般不成文的規矩，教書的校方也不會完全漠視功臣。我多年在外文系眾多語言教授中為中文爭取權益，頗受校內同事及校外熱心中國文化人士的認可。以大學學術的標準，我每年開會，都有論文發表，資格的評審應該不錯。我的教書下場，不應該被處以一刀兩斷的結局，至少會有兼職的安排。

若說全然是我才疏學淺而喪失了職位，那十年來我小小的門戶怎能在校園中殷實的成長？若說我不忠於自己的文化、不愛自己的同胞，處處樹敵，則多年來對社會公益的貢獻，朋友們少有勝得過我的。我的小小瓜園，是我躲在天涯海角，自耕自創的天地，能在美國大學裡占一席之地，談何容易？可是「事大皆空」的現實是冰冷的。更有甚者，當我憤慨的向UCLA校方陳情的時候，把自己引為驕傲的「美國政府雙語教育顧問」的任命，在急切的言詞裡，竟然被誤會成「通某政府分子」！自此為我不幸的命運揭開序幕。一時之間，我好像犯了滔天大罪，成了千古罪人，朋友圈裡尊嚴盡失。可憐我這個白手起家的自由派人物，獨撐門戶，特別自豪於自己自力更生的過程，專注於自己的一點志向，反而惹來了一場風波。

離開加大以後的年頭是悲喜交集的日子，悲的是切割的痛，離開加大相處多年的社區朋友，和與我親密相處的學生們，心有不捨。一夕間，他們不知道發生了什麼事：王老師不再現身，去哪兒啦？我一向尊重自己教學道德，不會利用學生的感情來維護自己的職位。突變迫使我悄悄的離開了職業瓜場，不告而別。那裡有我曾盡情發揮理念才華的十個年頭，那裡有我看護著、奮鬥著成長的課業。每次驅車經過，都是淚眼模糊。但喜的是，當我失業在家，與州大了結了職緣，悶悶不樂的時候，遠離州大的自家居住的社區，竟然在我中年歲月裡給了我一段重振風采的生活。

因緣際會，我在半島城區（Palos Verdes）以九千多張選票當上四年圖書館理事的服務公職，因此結交了許多美國當地熱心服務社區的朋友，對美國社會有了更深一層的認識。期間推動多元文化和幫助遊民活動，增進社區認同，更在 Palos Verde

的演藝中心，提倡許多中國文藝戲劇演出，頗有成績。這些活動讓我能盡些回饋美國照顧我輩留學生移民的寬容。最可貴的是，認識到很多善良、愛護國家的美國人，他們不是奸商、不是圖名利的政客，他們是美國二戰後的中產階級，是小時候經過大蕭條、腳踏實地勤奮工作的一代。

這段經歷更觸動了我一生最有成就感的轉折點：是我五十知天命之年，有機會決心重啟征途去念博士學位。有道是「莊敬自強」乃是不被擊敗的唯一法寶。四年前求學求職過程的坎坷，有著揮之不去遺憾，對自己所好的不捨，丟不下失敗後的心理糾纏，這都是我重整旗鼓不惜一戰的動力。

一九八五年，聯邦政府在西東大學（Seton Hall University）設了四個讀教育博士的獎學金。我慶幸獲取，雖然成敗未卜，但機會絕對不再。中年後的危機感是要抓住青春的尾巴。雖然這個決定使我必須奔波於東西兩岸，對拋夫棄家之舉著實費些思量。好在當年有郵局的夜班飛機（Red Eye）。三年的奔波，每月回家一次，念完了課程，此後為論文研究計畫久久不能商妥，只因自己所長是中國文史，教育問題不太深入。當時正逢八〇年代 UC Berkeley 的亞裔學生為爭平等入學鬧得沸沸揚揚，我終於以「Berkeley 亞裔申請入學」的事寫了論文又出了書，完成學業，等到六十歲的年紀才參加了畢業典禮。有了這個博士學位，我又在惠提爾大學和長提加大教書，想想當年的決定實在明智。再執教鞭，得以合法退休。自此心情不再落寞，沒有遺憾。

人不自強，天誅地滅。人的自尊，是要自己努力得來的。

這裡還要說的是兩段插曲。在我坎坷的事業生涯裡，有著與眾不同的兩項經驗，私下裡曾沾沾自喜：

我靠著良知良能的力量，抱著為學識、為公益做事的信念，一生熱心推廣中國文化和華人社區的中文教育，自覺影響了海外華人對自己文化傳統的自尊自醒，八〇年代曾以唯一的華裔代表參加「人民大使」團（People to People Ambassador）去南非參觀教育情況。三四十人的團體，只有我一個中國人。一路上心中常念曼德拉在南非的民運，他在羅班孤島上和監獄裡度過了二十七年，比起我的十幾年文化「苦旅」要苦得太多。

另外是在二〇一〇年後，三次被請至公主遊輪（Princes Cruise）做隨船學者。由新加坡到天津，隨船講中國文化二十餘次。演講的成果如何，無法自量，也不敢自誇，但曾盡力而為，十分珍惜這些經歷。

慶幸此生能有這樣與眾不同的職場之旅。回想自己來美的初衷和對職業的堅守，雖然曾四面楚歌，挫折中尚屬神智清明。能鎮定的活在自己的理念裡，這是萬幸，萬幸，萬萬幸!!!

第三部曲　夫妻本是同林鳥，大難來時捨其誰

曾垚生在一九三一年，家中五女二男，自小甚得母親疼愛。曾垚本就是兩條命運的人，他一生先後有兩樣事業，均成就卓越。考大學時，曾被臺大機械及師大藝術兩校系錄取，生性藝術細胞發達，礙於實際生活之需而選擇工程專業，捨藝術而念機械是應現實的需要，無怨無悔。來美後在南加大就讀。他謹慎細膩，工程系念了機械和土木兩個碩士。畢業後在空調公司三十餘年，在蓋迪博物館（Getty Museum）、洛城音樂廳（Dorothy Chandler Pavilion），及普度、加大醫藥中心都有貢

獻，全美空調專業協會曾授予他終身成就獎。

儘管曾垚在冷暖氣工程領域頗能出人頭地，然而工作繁重的壓力讓他在六十歲剛過，就換了人生的跑道，退休後拾起了久違的藝術生涯，做起了書法印章木刻的文藝。他自小由父親調教寫字，嚴加督導，養成專注勤勵習慣，楷書寫得很漂亮。而今研究古今各體書法，終日孜孜不倦，全神投入書法木刻和遊山玩水，最後竟以書法詩詞及木刻調配成獨特藝術，做成百餘塊木刻，先後在哈佛、南加大等校及藝術館展出。從退休六十三歲到近八十，他享受了十七年的藝術家生活。自得其樂。不幸失憶症於二〇〇八年開始侵蝕他的腦力，使他創造的活力漸漸終止，但他每次看到朋友來家欣賞他的作品，仍會欣喜萬分。

這是命運為他計劃了的旅程表。二〇〇八年他不能集中腦力做事，連那年算稅都幾次延期，坐不下來。我知道他有家傳的失憶症，立刻就帶他去看腦科，查不出什麼來。到UCI腦力研究所檢查，反應能力還都可以，確診為早期失憶症，不是老化。沒有積極治療的藥物，只有可以延緩腦力退化的藥。由病例的經驗，一般的病期是十年。初時，他在家日常生活自如，仍能照顧自己。只是丟三落四，一件事忘了問、問了又忘，不勝其煩。

我決定不讓他一人出遊，除了遊輪，減少長途陸地旅遊。第一次的失落是二〇一〇年初，與友人坐船去墨西哥，晚飯時他要回房拿東西，去了二十多分鐘還不見人影，我出去找他許久，最後看見他站在船尾附近的樓梯旁，無助的東張西望，見了我差點哭出來，說找不到大夥了，怎麼到處沒人。這趟經驗，嚇到了他自己，也給我最大警惕，我自此得面對現實，以後是要形影不離了。

曾垚的病是漸進的，算是文明的，一般不發脾氣，不亂跑，除了整天反覆問一件事，讓人心煩無奈，他在人面前都還能表現適度。然而跟著年歲增加，症狀越來越多，身體精力逐漸退化。我一開始就有個打算，這個家得要我一人撐起，一切要簡化，他只要體力罩得住，在他有生之年，就讓他過上高興的隨意生活，愛吃愛玩不約束，盡興就好，他能不受病的煩惱，我也免去許多照顧之苦，所以只要有人相約，我們一定奉陪，親朋聚會不缺席。他胃口好，愛吃牛排，遊輪上每餐都有，盡他享受。

依照計畫，我們坐船玩了很多地方。只是這當中，病情惡化的情形接踵而至。先是開車的問題。醫生早在二〇〇〇年就直接通知了DMV（車管處）。雖然駕照還在，但是不許開車。這是天大的懲罰！開野車出去玩是他最大的樂趣，無事愛去城外兜風，每月要去國家公園閒逛。現在竟然不讓開車，那怎麼行！每次出門，就吵鬧不休。我若是慢了一步，他就搶著坐上駕車座不下來，兩三次，偷著把車開走了，害得我差點報警。好不容易那年駕照到期了，心想可以因此作罷。哪知他不願放棄。硬是在筆試時拼上一個鐘頭，考過了，可是上路的開車試，考不過。為此找了個訓練開車的學校，上了兩星期的課，發了證明才又領了駕照。但是過了一兩年，開車時反應慢得自己都沒信心了，最終才慢慢放棄。

最讓我困擾也最困難的事是得病四年後，他開始有幻覺，不時的在家找人找東西。有時半夜起來打開大門硬說客人才都聚在家裡，怎麼都不見了，要到大街上看看，怎麼勸都不行。這是我最無助的時刻。記得一次是在阿拉斯加旅館裡，他半夜起來找一卷磁帶，說是太重要了，找不到，一切都要完了！怎樣都安靜不下來，他甚至急得差點把電視都搬下來了。最後沒辦法，只有找了旅館的保安來。他看到武裝的員警，嚇到了，聽到說要替他找，找到後會送來，這才回床上和衣而臥，倒頭睡到天亮。醒來問他昨夜的事，他卻毫無記憶。

最後幾年，出事的情況與日漸增。上了遊輪，幾次走丟都讓我心有餘悸，記得那次去巴拿馬運河，大夥都坐了五六個鐘頭的飛機，累了，上了船各自到房間安睡。我不知睡了多久，外面有人敲門，打開門一看，曾垚站在門外，船上工作人員陪著，他穿著內衣褲，驚訝高興找到我，我問他到哪兒去了，走了多久？他一臉無辜，全然不知，讓人心痛。這樣的事發生過幾回，有時他已入睡，我出去電腦室問個事，幾分鐘回來，就不見人。

他的固執也時不時的會發作。那年去埃及，路過約旦的沙漠古城，Patra，大家都要走到古堡看看，他走了一半，說看不到朋友，怎麼都不肯動了，我們正在山路的一半，如何是好？結果連說帶騙，走到目的地，快快搶了一輛馬車回程。這樣的意外大大小小，每天的日子都在緊張中度過。如今想想，我二〇一五年換膝蓋，二〇一六年又跌斷了腿，手術後雖然找人幫忙，他還是堅持跟我住在復健中心，上帝對我們眷顧，一切也都挺過去了。

人生瞬息有變，二〇一六年我們覺得精神還好，朋友們也都愛動，相約出遊的次數不少，年底前才坐遊輪回家不久，就去爾灣赴約吃飯，回程快到家時，我忽然發現他說話不清楚，舌頭發硬，當下我立刻掉轉車頭，送他進醫院。兒子來時，他竟然不能相認。檢查結果是小中風，回家後過了幾天又再跌倒，醫生說要密切注意，他以後大中風的可能性很大。因此，我們二〇一七年全年都在家，就出門一次。但是他的健康情況明顯的走下坡路，尿頻，晚上醒來三四趟，大號不通暢，早起坐著不動，很想回床上躺著。我請了一位女士來家裡幫忙，可以脫身出去購物。但他週末還是跟著我去會朋友。

二〇一八年的春天，四月二十二日，那是一個星期天。我去海邊走路，交代他在路邊椅子上坐著等我。現在回想，那天他臉色不好，我沒注意。我們去會朋友、喝咖啡聚會時，他一步都不離開我，說是要坐在我對面看著我。午飯和午睡後，我找人陪他到附近商場坐坐，給他們買了咖啡，我就在店裡逛。十幾分鐘後我回來接他們，他一看到我，就說要回家。我牽著他的手，走了沒幾分鐘，他說胸痛，不行了，到了車上已經沒了心跳。等救護車來到，進了醫院急救。雖然生命挽回，然而昏迷不醒。醫生會診後，得知心臟一血管破裂，因已屆八十七高齡，無法修補。醫生勸我們放棄。我們無奈的看著他。在家人環繞下，曾垚於二〇一八年四月二十四日中午去世。他的悄然離去，雖然平靜又無痛苦，但遭此突變，妻兒頗有不捨。

曾垚一向不喜人事的繁瑣。除了盡心工作和刻印寫字，一生的最愛就是山裡野逛，獨自逍遙。二戰期間，他家住重慶郊區，早已培養出田園生活。來美後，工作之餘就是出遊，足跡遍及大小國家公園，而猶他州和優勝美地是他每年必去幾趟的第二故鄉。他生前一再囑咐，不願土葬，孩子們願意遵守父親生前遺願，在他去世後兩個月，我們在ＰＶ附近海邊，請了百餘親友，把他的骨灰載上小飛機，沿海邊撒入大海，融入自然。他自此飄然而去，留下我形單影隻。他生病快十年，從來不談生死，也從不說些讓我傷心的話，他一向覺得生死自然，「該死就死了」是他的口頭禪。他在我夢中回來幾次，仍像往常，說幾句話，就走了。他不知，他的瀟灑帶不走我的思念。

曾堃在四姐妹中是唯一男孩，一生待母至孝。母親是書香門第閨秀，但一生主持家務沒有在外做事。我們婚後五年即將婆婆從臺灣接來同住，讓她安心養老，曾堃也因此專心工作。婆婆享年九十六歲，我們共同生活二十六年，家庭和睦。她平靜的去世，讓我們了無遺憾。如今他們母子各自離開。在天國，應該是母慈子孝，相依為命。

曾堃走後，我的教書生涯也跟著落幕。我為中國的文藝復興和教育重振欣喜，寫了一本小書，為自己的心願而寫，有無人欣賞，不在我的意願內。有感於中國文化傳統和戲劇的發展與西方有異，也寫了一本小書。曾堃留下的木刻十分細緻，為了永久保存，我陸續的都為他裝了框。二〇二三年五月，在爾灣加大和文化中心為他辦了展覽，了一心願。他的藏書，經過朋友的熱心介紹，杭廷頓圖書館（Huntington Library）願意收藏，我欣喜萬分的捐去了一百七十五本，又了一心願。但願在我有生之年，把一切心願都了了，安息時比較平靜。

小教師破冰之旅——在美國教中國文史（漢學）

在美國，中文教學的發展和領域，是和美中關係以及國際局勢息息相關的。八〇年代以前，只在一些著名的綜合大學裡有中國語言和古文化課程，中文課程既少而且冷門，選課的學生很少，中學則幾乎全無中文課，因此中國文史在美國的研究，是長期處於貧血的狀況。直至九〇年代，中美關係變動，大學的亞洲研究課程開始普遍受重視，美國各州對東方教學的範圍也越來越廣，科目分門別類增加許多。一般中小學校雖然還是依照華裔社區的需求來評估是否開設東方語文課程，但被大學普遍重視的 SAT 考試已增加了中文一科，中文課程的重要性已經被認同，促進各國彼此之間文化的瞭解合作，自是當務之急。將來世界的發展會比起以前跨了一大步，前途是一片看好的遠景。這些可喜可貴的進展，固然是華裔社區多年來積極爭取的成果，同時也是科技的進步，使得國與國的交通日趨頻繁，而中國大陸對外開放，也確實導致了近幾年中文課在美國各大學的興盛。

以中國歷史文化的深遠和美國國勢的強盛，兩國之間的文化知識交流，應該早就十倍、百倍於當今的情況，不應遲至九〇年後，研究的腳步才突然加快。面對中國文史（以後用漢學稱之）這樣一門龐大的學問，如何取其精華而又顧及整體的介紹給美國的知識分子，是一項具挑戰性的工作，近代中國語言文化跟政治的演變和意識形態有些糾纏，如果認真深入的教學，則有如履薄冰、如臨深淵之感。除此之外，尚有很多困難值得檢討，本文僅在此簡單的回顧一下自己在美國教書的經驗，主要是以「文字」和「文學」為中心，來討論一下在美國教漢學所遭遇到的一些情況和心得。

歷史的背景

1

美國學術界的重歐輕亞，主要與美國建國發展史有密切的關係，並非偶然由少數人宿意提倡而成的。早期大批歐洲移民捷足先登新大陸，以及美洲與亞洲之間的地理遙遠隔閡，都是無法彌補的先決因素。這其中，中、美兩國在近代史上各自發展的方向和成就，也是漢學研究遲遲未能在美洲起步的原因。

美國開國以來，歐洲移民循工業革命的潮流，在新大陸開發資源，並另尋自由民主的方式定居。在國力日盛的數百年間，少有餘力環視亞洲。而同一時期，中國大陸百年戰亂頻仍，自晚清、國民政府而至新中國，政治環境紛亂，科技工業與社會思想落後。在外侮紛至而民不聊生的兩次世界大戰期間，政府與少數知識分子無法攜手扭轉衰敗之勢，社會經濟的振興遙遙無期，貧困的民生條件之下，文化和文學創作趨於憤慨哀怨。無法引起世人的研究興趣。更有甚者，整個的二十世紀，歐美工商業的成就挾西方思想大舉而至東方，中國人千年來賴以為民族支柱的文化傳統頓失時效。中國的知識分子普遍對自己傳統文化抱以質疑，甚至摒棄的態度，卻又無法正常的吸收西方文明，更不知如何面對西化。一九二〇至一九三〇年代，留學歐美的知識分子，竭盡所能，向家鄉介紹西方文明，但環境地域交通的限制，既未能全面認知西方傳統，又無法遍及中國各地。接著日本發動侵華戰爭、國共內戰，五〇年代後的冷戰時期，文化思想有失偏激。新中國三十年的鎖國閉塞，致使知識分子和文人無法全面的接觸世界文化。在此同時，臺灣早期的避難保守，限制了文人思考自身文化傳統的自由。因此，在長期大環境的紛亂中，我們自己都不能做到從自己傳統為起點，以不卑不亢的態度，把中國傳統的文史、政治思想、詩詞、歌舞等介紹給西方各國，漢學研究自然無法被歐美等先進國家所重視。直至九〇年代後，中華人民共和國漸漸脫貧，這才有效的去糟粕、推陳出新，認識自己傳統，進而吸收各文化，演變出自己的復興道路。西方人的中國熱，對中華文化的好奇和興趣也就自然開始。

2

美國早期漢學研究仰賴歐洲英、法、德諸國學者領導，古文化和先秦諸子、四書五經等等，多有翻譯注述，但研究只限於極少數學者。漢學研究的範圍，更只限制在古文學及文言文。到第二次世界大戰結束以後，中國與歐美蘇等大國成為盟友，戰勝德日，而美國在亞洲參戰，與中國關係友好，進一步交流勢在必行，加上「民族自決」的政治口號在戰後的亞洲各地響起，使一般美國人的視野擴展至亞洲，對亞洲各國和中國的興趣逐漸增加，促成了中國和歐美較為廣泛的文化交流。

漢學的研究在二戰後，由於中國知識分子來美求學的人數日增，而形成較為興盛期。尤其是返美的傳教士軍人帶回東方見聞，美國東部的名校如：哈佛、哥倫比亞，西北的華盛頓大學、加州的柏克萊州大等，一時間博學鴻儒雲集，在文史哲各方面，較臺灣早期學術研究圈活潑開放。趙元任、陳世驤、何炳棣、蕭公權、許道經等，都是文史的大學者。雖然大學課程和學者的著作，在質與量方面都有相當程度的提昇與進展，但新中國、美國自五〇年代起的冷戰關係，使得漢學研究又陷入躑躅不前的狀態。所幸這些滯美學者和留美學生，在美國各基金會和中國返美的傳教士們的協助下，得以繼續漢學的研究。他們勤勤懇懇的在研究機構和人學資助下，設立課程並收集書刊。他們英文的著作也很多，在哲理思想上囊括了世界觀，成績斐然，至今這些學術的碩果仍然讓後輩望塵莫及。

可惜冷戰三十年期間，中（大陸）美文化交流猝然停止，教授和學習的整個環節都降溫，一般美國人士對中國學問缺乏急切的關注與興趣，選課的學生寥寥無幾，少數學者的努力誠然可貴，但在冷凍的環境裡卻顯得曲高和寡。中美兩國的隔絕，造成二戰後出生的美國人普遍對中國茫然無知。

3

這期間在美國的教授人才，也有斷層現象。冷戰時，港、臺兩地人才皆以科技為重，而經濟發展更為全民最大任務，傳統漢學人才培養的趨勢不振。雖然傳統漢學只能在臺灣、香港保存，延續香火未斷。美國漢學學者、學生只能到港、臺，在保守的中國傳統餘蔭下繼續深造，然而在政治環境的限制，臺港來美的學者對中國傳統思想著述保存完好，對他們在美國教中國文學時，選用材料及略談些文史思想問題很有幫助。但一般文史人才缺少外語能力和世界觀，對歐美西方國家的傳統認識不夠，能力不足以促進美國漢學研究或造成相當影響，在學界自然難以嶄露頭角。加上臺灣和大陸文史方面的距離，一時難以和諧一致。

當中美關係在政治上開始解凍，環境的變化再次擴大普遍的文化交流，本應能順利加強漢學研究、普及相關領域教學，但在中國大陸上極端共產主義意識形態的衝擊下，中國傳統漢學及一切有文化素養的人和文物皆頗受摧殘，幾十年來傳統文化流失，開放後的中國，漢學尚要慢慢起死回生。文化大革命留下的傷痕，反映在文學上的，是久久不能平息的怨懟和迷失，一時間使中國文學作品的研究，都全被過去的亂象震撼得不知如何下手。所幸他們在考古方面頗有進展，古文物大量出土，從服飾、古器皿、陶俑、兵器，到古代科技發展等等，有更新穎的發現，可研究的題目很多，更能深度、正確的介紹中國古代史給學術界，普通文化和歷史課教學的材料也豐富許多，這些都為漢學教學和學術研究帶來新的課題。

4

隨著八〇年代改革開放，中國迎來了文藝復興。九〇年代中美關係的急遽變化，中國重建大學教育，才可喜可賀的在大陸快速跟進傳統文化復興運動。先是為五四運動純文學的作家們平反，然後是提倡古文化。很多先進的城市，開始在年輕孩子群裡，發動古文、古詩詞的啟蒙教育。但中國文史的博大精深，一時不能全面的、大力的展現。剛開放時，來美的中國留學生學者少有文史修養。他們對晚清的研究比較熟悉，明朝以前的不知所以，文學則以《紅樓夢》為主。唐宋和唐宋以前的文史，要到一九九〇年代晚期，學者才紛紛忙著填補古文學的研究。至二十一世紀始，雖然中國已經有了超前之勢，但介紹、研究中國文學的英文著作不多，新生代受到兩種社會環境和思想的影響，兼以漢學知識體系的龐雜，臺灣、大陸兩地學人的學識基礎不一，使得在美國新進的學者們一時無法學冠中港臺。

與此同時，美國政界對中國的政治經濟較為重視，也較容易觀察分析，而文史要有長久的知識素養才能研究。因此，美國學者在中國政經的觀察研究興趣，遠比在文史方面多很多。相隔三四十年，文史研究重啟不易。直到表演藝術率先領軍，向歐美社會展現了中華文化傳統，原因是演藝、繪畫等純藝術境界比較直接，不須仰仗文字的理解。而戲曲、音樂、影藝、繪畫等課程，也容易受到時尚美國學者和年輕人的歡迎，這與西方戲劇和影藝一向被尊為自成一格的表演藝術有關。是以八〇年代以來，中國戲曲、電影在美國大學課程裡十分受喜愛，堪稱「藝」枝獨秀。

中國語言文字的因素

想瞭解西方人在鑽研中國學問時所遇的困難，和一般人之所以對中國事物感到陌生，除了歷史因素之外，得先洞澈中英語言、文字難易的分別和程度。以漢語的特質來看西方語言，總的來說，英文和多種西方語言的發展都注重在詮注聲音。以字母為音符，組成音節，然後結合數個音節而成一個代表意念的字（word）。一組音符所組成的字，用發音可以口語表達，學習比較容易。除了意思之外，在一個句子的結構裡又有著一定的文法規則，而這些規則也常常是由字母的變化來顯其邏輯，譬如英文裡大部分動詞的變化就是一例。因此，西方語言在字母音節的結合及文法上都較講究。這樣的文字雖然需要記憶，但較之中文，不但記憶難度相對極小，更是有邏輯規則可循，掌握較易。

而中文不以詮注口語聲音為主題，從字的形、意這兩方面來造字，在象形字的基礎上，藉由描繪形體來傳達意義。再者，中國文字的「音」和「義」，亦非侷限於同一個「形」，使得「形、音、義」三者組成的方塊字，自成一個規範，每一個字都是一個單獨的個體。字的形體不是完全因音而形成，也不因字義或語法的需要而有變化（如英文的動詞變化）。有些字義因字形的根源尚有跡象可循，如：日月星雲等。可是字的發音，並不一定由字形表達出來。形聲字是後人為注音而演變的造字一法，但形聲字乃是約定俗成的，規矩不一致，不嚴謹，常有借一字來注另一字的讀音，或同一字被借去注其他很多字的音，日子久了，這些有相同注音的字在發音上，又有不規則的演變。

對一般美國學生而言，雖然中文字形的多樣化，讓人有圖畫的美感，但每個圖畫形的文字不僅變化多端，數目更百倍於西方語言的字母。光是學寫中文字這一關，就已經是意想不到的困難。每一個字的形音義都要憑記憶記得，一般美國學生，學了十個忘了八個，沒有任何捷徑。會說中文，並不一定會閱讀或者會寫中文。

說和寫是兩個完全不同的學習階段。只有在一個人熟習的記得五六百個中文字的形音義以後，他才能試著去猜測一個新字的意思和發音。按照一般的說法，記憶力是年歲小的時候最強。中文課程既然在美國中小學普遍缺少，這種全憑記憶學習的語言要等到大學時再念，實在為時甚晚。學生的記憶力已差，學習的效果自然也差了許多。因此，在大學教這群土生土長的美國學生學中文，真是心酸的難！看他們努力了幾年，還達不到小學一二年級的程度，很不忍心。更何況八〇年代以後，簡體字慢慢出現在華文教科書和書刊時，教授中文又增困擾。中文每個字的形或聲有其獨特的演變背景。在文化傳遞上有特殊的意義。簡繁之爭這個公案，還有待時間的考驗。文字的難度，使學習中文的美國學生望之膽怯。試想，傳統中國受過教育、一向認字的知識分子，可區分三四千的字形，作為書寫、達意的基石，使得他們和沒受教育的平民之間，有很大的「階級感」區別。

再談現代中文的語法結構：中文僅有鬆弛的語法，談不上嚴謹的文法結構。中文字既是一個個單獨的個體，字與字之間彼此結合而成一個詞或句子，就享有相當大的自由。字的文法詞性，如動詞、名詞等，變幻莫測，並無可依循的文法規則，熟悉英語的學生常覺得寫中文句子時，缺少文法憑據。

在大學教中文，為幫助學生建立起初步的語言能力，中文的語法還是要設法適當的解說和運用，但是中文語法結構的學習，和學寫中文字一樣無法捉摸。譬如敘述一件事，含有時間觀念的詞句，常常是放在一句或一段話的前面。因中文裡動詞的字形不會隨時日而變化，過去、現在和將來都用同一個字表示，所以動詞常常放在最後。例如，我常常用自己創作的一段話來解釋：

今早，我家後園池塘裡，那去年才買的，新栽的，一棵棵亭亭玉立粉嫩又潔白的荷花，在柳蔭畔，在嬌陽下，在我家老奶奶精心的照拂下，竟然都風姿招展的，無拘無束的，全開了。

這個動詞「開」字是一句話的重點，以作者的文藝寫作，它可以放在最後。教書的時候，得先把語法中的動詞指出，讓學生知道。然後再把前面的形容詞片語，一個個解釋。

常常，在學生學習一年以後，文法分析已漸漸失去效用，要靠閱讀和會話來增進詞彙和表達能力。他們在念課文的時候，一般的情況是，老師在解說字義上費時甚多。談到中國文字字義的變化，更讓人有捉摸不定的神祕感。有的中國字，意思簡潔，詞性又正好跟某英文字切合，如簡單的動詞等，容易讓學生們瞭解。但是有的字則義深言晦，而且字義延伸廣泛，並非一兩個英文字可以解得周到。一段文學等解釋完畢，原文的氣勢就改變許多。這些都是作翻譯工作的人常遇見的困難。至於一個字與另一個或數個字結合而變化，最後與該字原意有很大出入的例子，更是多不勝數。譬如：

打從心裡就想好好的打他一頓。這話說起來不打緊，做起來可就……

這個「打」字就十分難解。在同一個句子裡用了三次，意思和詞性都不一樣。

另外，中文的歷史源遠流長，經兩千多年文人的運用，孕育出成千上百的成語典故。一個句子可以不循主詞、動詞、受詞的限制，而全用成語典故甚至古詩詞名言寫成。句子的結構可以全無文法或語法。教學生時得費些時間先注解，有時解釋太多，使整個文章支離破碎，失去一氣呵成的文意。

教文學的幾點感想

1 在文體和韻文方面

在美國教中國文學的困難，除了和中文字息息相關之外，語言文化的發展也很重要。自古至今，中國文化未曾有過毀滅或沿用外來文明的斷層經驗，形音義集於一體的方塊字經幾千年延續應用，字義仍然保存，只因文體的演變而隨之應用有別，如文言文和白話文。

文言有先秦諸子百家之外，《詩經》、《楚辭》、漢賦、樂府及古詩、唐律詩、宋詞、元曲；白話文有宋明清小說及戲曲，到民國後的白話詩文更是多樣，還有近代和現代的作品。古今文學作品文體類別之多，略微解釋就頗費勁。即使是簡單的分門別類，就使學生們聽得如墜五里霧中，實在是出乎一般美國學生想像之外。在一個習慣科技時代求快、求簡的環境裡，面對如此龐大的知識財產，教授和學生兩方都有不知如何下手取材之感，隨便挑選一些就能印成一大本、講幾首詩就是一堂課。

再說，中國文學的美與妙，是蘊藏在中國文字的特性裡，這些特性也正是導致教授中國文學困難重重的主因。只說韻文的詩詞吧！中國詩詞自始與音樂結合的淵源，也正是中文聲韻美的一種表現，這種音韻的美是兩千年來中國文學不可割捨的靈魂。以字音為例。每一個中文字雖都是單音節，但同一個音有四聲高低的變化，使整個語言聽起來有音樂的美感，中國韻文、詩詞自然而然，以字的平仄聲和韻母演變出一套獨特的韻律規則，而自成一個文學體裁。從《詩經》到晚清的韻文八股，上自高雅文人的詩文酬對，下至街頭巷尾的兒歌俗話，中文音韻的使用無所不在。

但是這個中國文學特殊的音韻品質、韻味，比喻、典故、境界等，在翻譯成其他語言的過程中都已消失殆盡。在無法直接欣賞原文的情形下，透過英文翻譯讀中國詩詞就少了一味。而這一套聲韻的文學，就很難在熟悉中文以外的文學世界引起共鳴，更別提傳授了。可惜，整部中國文學史，重要的韻文部分，在課堂裡，只能讓學生瞭解一下結構而已。

2 漫談中國文學表現的社會傳統

除以上談到的是先天性文字教學方面的困難，在美國教中國文學，尚要顧及其內容龐雜的問題。數量之多，固然是任何一個歷史文化悠久國家都有的現象，可是內容類別涵蓋之廣泛，中國文學卻是有些特殊的情形。只從一個角度說起，所謂的漢學一向文史哲一家親。打開一部中國文學史，有純文學，如山水幽思、說情談愛；有政論文學，如奏章文獻、諫書論政；有說理言道，如先秦諸子百家言及宋明理學；更有戲曲小說，如《西遊》、《三國》、《水滸》、《紅樓》、《桃花扇》、《牡丹亭》等等。光是這些傳統文學，有《史記》的〈項羽本紀〉，有韓愈的〈原道〉，有蘇軾的前後〈赤壁賦〉和〈刑賞忠厚之至論〉，還有他念亡妻的柔情小詞，數量之多，已讓人嘆為觀止。何況所有這些談史、論政、說哲又抒情作品，又都是文學，是出自從政的父母官文人的手筆。蘇軾的社會地位是詩人？政治家？法治思想家？

主要的原因在於，傳統中國的文人不只會舞文弄墨寫詩詞小說，他們更是學而優則仕的文人，志在總理天下大事。幾千年來中國的社會環境裡，中國文人都有不同於西方文人的特殊社會地位。「萬般皆下品，唯有讀書高」的傳統，實在是其來有自。作為國家社會的中流砥柱，中國的知識分子對人生、對政治、對文化傳統、對民族國家，都有一份很深的執著情懷。加上因科舉考試而修習出來的文采橫溢的狀元翰林等，自然把感懷和對社會百態等意見，都透過文章寫作表現得淋漓盡致。

他們文辭華麗，述事寫景微妙微肖，而論說時事又氣勢宏偉，對社會大眾及學者的說道論政則文情並茂。他們寫私生活中的風花雪月，纏綿悱惻。仕途坎坷時，則牢騷愁悶都宣洩在詩文裡。實在無聊或窮困時，也寫神怪小說和戲曲故事自悅。這些體裁甚多的篇篇佳作，都出自這些達官權貴或仕途無著的文人之手，幾千年來漸漸集成了一部中國文學史，內容的廣泛自然不在話下。然而，由這些從政的文人潤澤出來的文學史，純文學自然不會獨立於史哲之外。哲學思維、社會政治理論，都集中在文人身上。篇篇都是見解多多而又文墨瀟灑的佳作。這應該是中國文化有別於西方文史的傳統的一個特性。

西方文學自成一派，小說詩詞與論文或講哲理的文章界限分明。詩就是詩，小說和戲曲也各有題材，不必感懷論政。小說的創作發展得早而且多。作品可以反映時代思潮，但不直接論政說教，美國一般學生，在中學並沒有得到很多東方文化的知識，到大學後才有機會在中國熱日漸普遍的校園裡，看到中國語言、歷史等課程。他們用西方文學傳統來看中國文學是自然的情形。所以在教中國文學之前，最好讓他們瞭解中國文人的社會背景，聽聽中國歷史文化和文學的關係。否則他們很難欣賞中國的文學作品。譬如屈原的《楚辭》，美國一般年輕人很難想像那些充滿了美麗幻想的詩句不是愛情的傾訴，而是忠君愛國的民族情懷。傳統中國主流的文官、文人，如明儒和宋明理學家們，以詩詞歌賦論文等著作捍衛了文學的「文以載道」正統，影響深遠。這些繁雜社會背景和傳統婦女的社會地位等，都是需要一番講解的。

3 清高情懷

美國社會對年輕人教育講究鼓勵讚許，希望他們生活愉快，心情輕鬆。加上美國開國以來，國運一直是一帆風順，社會上普遍的有一種信念：只要努力進取，就會得到適當的報酬。這種極直接樂觀的態度，在年輕人當中提倡得相當成功。一般大學生都被訓練得能面對實際的社會情況，喜歡講現實。但中國是一個古老的國家，中國文人自古有「士不可不弘毅，任重而道遠」的時代使命感，在「學而優則仕」的環境裡，他們從政的人生經驗太多，習慣上認定的「人世真理」，不是在宇宙自然的邏輯考量，而是道德和社會關係的和諧。但治理人的世界，不如意事十有八九，所以中國詩詞裡充滿了文人不得意的悲怨情懷，和那種對世事無可奈何而又不能不關心的感嘆。

對這些涉世不深的美國年輕人來說，不免覺得是無病呻吟——為什麼中國人都是倒楣喪氣的？其實詩詞中不時的有鼓勵上進、喻義深遠的含義，對他們卻都太嚴肅沉悶，缺少滑稽幽默的筆調。一堂課若不談些有趣的事，他們會厭煩得沒勁兒，乾脆就不來上課。比方說陶淵明對官場的厭棄和一心嚮往的田園樂趣，就不能得到學生的喜愛。他們不太能體會那種退隱官場，清高而寄神田園的境界。尤其是才高又得人望的大人物，為什麼最自傲自慰的是離開官場後兩袖清風，清苦的返鄉歸田？所以不太能欣賞中國文人那些無可奈何的遺懷詩。

杜甫悲天憫人的胸懷，也不如李白醉飲賦詩百篇來得有趣。學生沒辦法想像中國文人喝酒的詩意，甚至有學生直接認為李白、陶淵明他們都是該進醫院治療的「酒隱鬼」（alcoholist）。連《儒林外史》這般諷世疾俗的文學，對他們也沒有吸引力。《莊子》夜夢骷髏頭的對話，比《孟子》長篇大論的說教引人入勝。《西遊記》可以使他們拍案叫奇，而《紅樓夢》只是一個十八世紀中國的肥皂劇、《水滸傳》是某個時代可怕的中國人，吃人心肝的強盜人魔。

若能先讓學生們認識中國傳統文人在宦海中的起起落落，和他們不與政事脫節，但又不願犧牲道德向現實妥協的為難態度，就容易帶領他們瞭解這些古人，為什麼總是牢騷滿腹。

4 愛情的倫理觀

只舉古代文學一例，歌頌愛情或是女人的美，在西方文化、文學裡有相當多的作品。兩情相悅、社會身分相當、彼此愛慕而自然的表現在文學裡。但中國文人著名詩詞所描寫的女子，事實上多半是青樓藝妓，相比之下，他們對由父母主張而進入婚姻的對象，舉案齊眉的髮妻是少些熱戀的描寫，他們表現在文學作品裡的男女愛情，多是「婚外情」。這是因為古代中國女性在家庭和社會裡的地位，有別於西方傳統。

這些道貌岸然的中國文人，在齊家治國的大題目下，對肩負上事父母、下育子弟的賢夫人是敬多於愛，她們的生活和形象也要合乎宜室宜家的道德規範，頗受家規限制，不可任意隨性的寫在詩文裡。所以香肩露、娥眉蹙的詞句，在文人作品中很少是在描寫閨房中相敬如賓的夫人。家中為他明媒正娶的，是有一定家庭社會地位的女性，她們的私生活、閨中愛情，不可以公開流露。最多能像陸游寫夫人唐琬：「紅酥手，黃縢酒……」，含蓄中流露真情。

在中國文人的著名作品裡，能夠被露骨描寫的女人，若非天子寵愛的宮娥妃子，就該是文人接觸得到的妓藝等。他們留下的許多豔詞，都是那些在城鎮裡可以拋頭露面，在樓臺上對鏡梳妝思情郎的女人。但西方文人沒有官宦生活之累，他們的人生目的不是高官賢仕，平常生活自由自在，接觸面廣。女人受家庭禮教的約束，也沒有中國婦女那樣嚴格長久。男女之間的愛情較直接而自然，而這些被公開描寫的女士，可以是皇親國戚的貴婦人、名門閨秀，也可以是村姑藝妓，但中國古代正經人家的夫人是要尊敬多於愛情的。

中國人的人情世故，社會百態，多由小說章節寫成。在長篇小說和戲曲裡著墨較多。把女人在社會上各個階層裡的活動，活生生的刻畫描寫出來。中國詩詞裡對實際的家庭生活寫的不多，只有作為文學一支的戲曲比較例外。

5小說結構和道德觀

西方社會的傳統一向邏輯分明，將各個行業分別清楚。作政治工作是一行專門的「職業」，一般人並沒有期望寫文章、小說、詩文的文人，要以公職為人生目的。因此西方的文人比中國傳統社會的文人，較能自由自在的過著一般大眾的生活。他們寫小說著眼於客觀的剖析或射影人性，甚至連希臘神話和西方寓言傳統，都是用想像的題材向讀者呈現一個美好的、或寓意深遠的幻想世界，不必注重倫理觀念，更不必善惡黑白、恩怨報應涇渭分明。作家專於寫作，有計畫的在結構和寓意上下過工夫，因此美國學生們對討論小說的結構含義等話題很多，想像力豐富。

基於這樣的文化差異，在美國教中國古典小說要想到幾大特點：

中國古典小說多半是一些明清文人才子在科舉上不如意時，將才華傾抒在小說上。他們並不被人重視，所以作品娛樂性高於剖析宇宙人生。寫的小說是家長裡短的閒話，所以哲理不強。從此角度來看，小說的作者在西方文學界可能不得意，但沒有因功名無著被卑視的命運。中國古典小說教誨有嘉，早期的章回小說名著和《三言》、《二拍》短篇小說集等，充滿了忠孝節義的故事，最能代表「寓教於文」的傳統。中國的道德規範，是靠文人的作品來傳遞的。這些《醒世恆言》、《喻世明言》的故事在民間流傳甚廣，很多都被一再的重寫成長篇小說或戲曲。雖是因科舉失意，文人寫小說消遣而已，生前不被重視，但因為是有教養的知識分子，不免書名有一寓意，內容善惡分明的教訓讀者一番，如《儒林外史》、《鏡花緣》等作品，在內容和人物塑造上，都有正面勸說道德行為目的。

中國古典小說文體是講故事，著重在描寫實際生活的悲歡離合，情節則多半平鋪直述，都是把故事一節節的串聯起來，按順序述說而已，不講究整體的結構，也沒有高潮起伏的特意安排。不過作者為了引人興趣，說故事就自然反映當時一般社會現象。許多故事的結尾，順著姻緣前定或報恩報德的世俗人情，而來上一個順乎人情的結尾。譬如婚姻大和解：一個功成名就的男人，最後可以順理成章的擁有兩個夫人，一位是原配，持家供養公婆有恩有德；一位是在京城中舉後，因功名而被「徵召」娶的名門閨秀。故事裡的救命恩人。或被謀害的好人，一定都被善心人營救，跳河的一定會被救起，否則就沒戲唱了。這種大團圓喜劇收場的安排，總結得理所當然。作者對各個人物的心理和感情毫無交代，事實的細節也忽略，一筆勾銷，真使學生們覺得莫名其妙。

許多早期小說的原型，是根源於宋朝街頭巷尾說書人的話本渲染而成的，如《三國演義》、《西遊記》等，自古就被視為無稽的道聽塗說之作，這些都是造成小說這種文體，在中國文學裡地位低下的原因。家庭學校都以詩詞及名人家訓、書信等為教授子弟的讀本，小說免談。不僅小說在中國文學史裡發展較晚，不被文人重視，由宋朝的話本延續到明清，長篇小說書寫民間故事，把野史傳說寫成中國文學史裡獨特的一章。如《隋唐演義》，《大宋宣和遺事》《三國演義》、《西遊記》、《儒林外史》、《水滸傳》，在當時都是閒書，《紅樓夢》和《金瓶梅》也都是禁書，自古是四書、五經正課外的娛樂讀物。

中國小說的興盛晚於西方，但與戲曲相伴，百年的元朝，科舉廢、都市興，蒙古人把漢人社會攪了個天翻地覆，社會結構和文字語言有過了相當大的演變。不如意的文人仕途無望，轉身生活在人民大眾的鄉里鬧市。關漢卿、馬致遠等戲曲作家，他們創作不輟，發揮在曲藝裡的成就燦爛繽紛。一般民眾由戲曲所接受到的道德文化價值觀，應是中國文學在大眾教育上不可磨滅的一番成就。這些中國歷史上特有的文化傳統，都是教中國文學不能不涉及的話題，而這些話題又不能不由東西文化長久以來發展的異同來探討。美國學生活潑好問，這些自然都會引起學生們有趣的追問和話題。

直至晚清，中國社會思想開放，在二十世紀初，西方的小說戲劇被大量的翻譯至中國，西方人視小說為主流文學的作品，因此引起了中國人研究自己小說的興趣。受此影響，中國人反過來再看自己的小說，開始重視自己的小說。於是有些現代文人開始研究，並且有新的評論和著作，嚴肅討論小說戲劇的品質，也提高了中國小說的文學地位。連中國人自己都沒有預期到明清文人，竟然無心插柳柳成蔭的為後人寫成許多巨著，如《紅樓夢》、《儒林外史》等是後起之秀。可憐的曹雪芹和吳敬梓，生前飢寒交迫，滿懷的詩書文采，無人問津。直到窮愁潦倒去世以後，才為後世人稱道。若在歐美，可能是暢銷小說家，榮華富貴得很。

走筆至此，不覺引出些閒話：由於這些傳統小說的影響，古時的兒童文學盡是父母雙亡，兒童少年如何努力讀書上進，而後成大功立大業，光宗耀祖。很少有仙人動物為伴，或探險成功等想像豐富的故事。記得我自己的孩子，在他們成長的過程裡，我們的言談盡是孤苦努力成功的例子。小時哄他們睡覺說故事，孩子曾不自禁的說：「今晚的故事可不可以爸爸媽媽不要死，孩子自己長大。」我這才驚覺，曾有多少可憐的中國兒童，是在悲情夢中入睡的。但是這種嚴肅而有危機感的民族性教育，也有正反兩面的看法。猶太人據說也是如此教下一代。一般的中國人在國際的場合也比較不苟言笑，是文化環境養成的吧。

在美國教中國文學，許多教授認為在大學裡教書，應有文學理論。但中國的〈典論·論文〉、〈文賦〉和《文心雕龍》等中國早期的文學理論文學，既冗長又銜接不上學生們的西方文學基礎。因此教書時，很多教授用比較文學的方法講課。尤其是外文系的同行，外文的根柢比老古董的國文系的強，以西方文學理論，如浪漫主義、寫實主義等來解說中國文學。這樣固然比較容易和學生溝通，也容易讓西方學術圈同事接受。但是這種橫切面的比較辦法，只能挑選精彩的幾篇中國文學或小說片段來教，著重和某些西方同時代或同類型的文學作品比較欣賞。如果學生對中國社會文化的背景沒有概念，學生們就無法將一篇文學作品跟整個中國文學形態、體裁產生聯想，在量的方面更可能是蜻蜓點水，導致見林不見樹的現象。因此，比較文學的課較適合作為更高班的文學課，讓研究生們研讀。

在一般公立大學，沒有專修中文的科系。學生們因好奇卻只能選修一兩門中國文學課時，多半是在短短的幾個月——一兩個學期——裡，試圖快速有效地灌輸他們一點中國文史知識。在這種客觀條件不如理想的時候，就應該由文學史大綱的步法先開始，讓學生對中國文學的發展經過、社會背景，以及各個文體有一個清楚整體的瞭解，然後再選些作品仔細講解，這或許是先見林後看樹的辦法。等學生們日後自修時，喜歡閱讀中國文學作品，他們在心裡就已經有了一個文學史的大綱，比較有要領可循，不易迷失。

如果學校裡也有中國歷史或思想史的課，學生們在修習中國文學以前，最好先選幾門這類的課。這樣可以把中國社會、文化史背景與中國文學聯在一起。當教授在講解某篇文學作品時，學生既容易瞭解作者原意，更可以深度欣賞作品的文藝特色。

雜亂寫來，只是想與讀者分享一些教書經驗。文學是由一個文化傳統孕育出來的藝術結晶，它的使命是反映出其文化傳統的特色。瞭解一個民族，去懂得它的文學，該是一個重要課題。

6我的一國兩治——繁體乎？簡體乎？

最後要交代一下中文的簡繁體之爭，和個人無奈的應對。教中文是我職業之始，是我來到這西方新大陸安身立命的起點和支柱。相信同輩中沒有一個人比我更關心這個話題，因此我得長篇大論的談談。相信有過人的智慧的人，一定能夠瞭解我的看法。

讓我們先來邏輯的看看。因為聯合國決定於二〇〇八年廢除繁體中文，自然就有人公開提出反對：中華文化遺產將會被摧毀，是否臺灣人都得學簡體字？但是這些論調並沒有落實來看文字的問題，只是提出來後又引申到政治的方向去，使得半個世紀以來繁簡體字爭持的情緒更加的白熱化。

事實上，民國初年，在胡適提倡白話文運動的前後，有過一個很大的文字改革運動：民國八年（一九一九）「文字改革」和「廢除漢字」之爭，在《新青年》雜誌上掀起爭論。很多有名的學者共同討論文字是否應該簡約以迎合現代化。那時候不但有人收集簡體俗字，甚至有人主張中文字拉丁化。最激烈的如錢玄同、傅斯年等，甚至於提倡廢棄中文字，全盤由羅馬拼音代替。五四前後，曾有中外學者，討論中文是否能完整的表達「邏輯思維」。由此可見，當時中國人對社會改革的迫不可待，對西化的淺見和對自己文化的失去信心。可怕！而今中國科技和經濟已是突飛猛進，文化復興也在並駕齊軀。看來學中國文史和使用中文，並沒有阻擋科學進步。可喜！

民國二十四年八月二十一日，中華民國教育部開始公佈核准的簡體字，第一次三百二十四字。《世界日報》二〇〇七年三月十六日的文章裡也記載了，我在一本書中記的很詳細。後來抗日戰爭爆發，接著國共之爭，文字的問題先是被擱置未理。

一九五〇年後，文字改革進而變成全面政治化。先是一九五六年，中國的「中國文字改革委員會」正式公佈兩千兩百七十三個簡體字，雖然推行但未完全普及。事實上，本次公告的字例，與中華民國教育部第一批公佈核准的簡體字有許多相同。但文化大革命時，激烈的改革真正摧毀了許多中文字。如果沒有把中國的門打開，中國文化還不知道要被糟蹋到什麼程度。因此文化大革命一結束，文字也就停止了亂改的現象。而臺灣同時反應，《聯合報》副刊有三篇相關文章：〈簡體字就是紅衛兵〉、〈中國文字的災難與救援〉和〈救字如救火〉。

自此，繁簡體字的內戰進一步正式打開。大難題擺在海外教中文的小教師面前，甚是為難。政治因素嚴重，只要一有立場，則被批成非左即右。為了不放棄學術獨立於政治之外的理念，曾經想對繁簡字的爭論源頭作一解釋，寫文章發表，卻在學術會議上遭到排斥。直到中文學校在各地成立，中文教學的問題引起爭辯，問題這才又浮上檯面。

兩派都在現實生活裡有鮮明的立場：某些人主張只寫簡體字，一個繁體字都不要。理由是繁體字太難，對和中國大陸打交道做生意沒有實用的功能。這些人只看到文字為商業交通的工具，沒有站在文化的立場想到中國人的感受，更別提文化的摧毀問題。另一派則直指簡體字是「共產黨」，違反中國文化的正統。我依照一貫的想法，顧及來自臺灣的華裔，據理力爭，希望美國公校能尊重華裔社區的意願，繁體可以教（放在認字卡上）。但在同時，我也希望堅持繁體字一字都不能改的人，能夠覺醒他們必須面對時代潮流：簡體字的通行是無法阻擋的，很多人完全不能接受這冷酷的現實難以逆轉。

說它是文化大革命的遺毒也好，說它是共產黨的荒唐也好。人性趨於簡單方便，對世界上五分之一的人口而言，已經學了、用了這麼多年的簡體文字，要回頭寫繁體是不大可能的事。怪只怪彼此在謾罵戰中越來越僵硬，沒有人敢說敢言。兩岸學術界如能早些溝通，行動起來，或許能挽救許多繁體字，文化大革命的狂瀾作了些偏激的簡化，譬如：愛字沒有「心」，「廠」裡空無一人。

為了學術自由，在我課堂裡，只要能寫出中國字，都能被接受，民主社會，完全尊重個人自由選擇。主張一個繁體字都不可改用的，行不通，因為有些簡體字已經通俗到連臺灣都使用很久了，如「难」和「難」，「台」和「臺」，「变」和

「變」，「边」和「邊」；也有些新造的簡體字還不錯，如「态」和「態」，「从」和「從」，「尘」和「塵」。

小教師勉為其難，但這兩可的書呆子學術立場，常常不為人諒解。不只是來自美國社區人士，還要對付咱們自己同胞的各樣想法。有些人一聽說我不反對簡體字，立刻把我劃為異己分子，甚至是親大陸的文化罪人。所以對我來說，凡是用「黑白」意見來問我的人，我常常無可奈何。

除此之外，漢語拼音也一樣出現困擾。如何能將一個不會說中文的人，教得會說、會寫，勢必要先有發音的注解。在我初教中文的時候，這是個爭議的問題。拼音的方式因課本而異，有耶魯、哈佛的，有臺灣、大陸的。當年我曾寫文章指出，臺灣的注音符號，發音比較正確。但大陸的漢語拼音已捷足先登，強勢地普遍化。曾幾何時，現在大家都來學漢語拼音，注音符號很有被完全淘汰的架勢——這樣好好的一套制度，卻連臺灣自己都要放棄了，人事是多麼的擋不住時代的巨流。

雖然教中文的職業，在一般人的眼裡，是個能說中文的人就都能做的事，然而我卻遇到大家都想解決而又最棘手、不易解決的問題，歷年來所受到的壓力，是一般高科技行業的朋友們所無法想像的。科學的問題，一加一等於二，清楚明白。我們學文史的，所教課題與個人的觀念有關，常常與人糾纏不清。為了少少的五斗米，我曾折腰了二十年。而今回想，在無奈中求生存，倒也樂在其中。

續篇

我的教書生涯並未因退休而止。自二〇一三年，無意間又和大學的退休成人班結上師生之緣，美國六七十歲的退休人士是另一種類型的學生。講起中國的社會背景和人情世故，他們固然容易瞭解，但是在他們受教育和成長的時候，那是美國國力最盛的時期，一般人都享受著二戰後的和平繁榮和歐洲的復興，根本無暇環顧亞洲其他國家的盛衰。

那時，美國各行各業，欣欣向榮。就業容易，並非人人都得念大學。而中國正值內亂頻仍，貧窮落後，根本就不是他們的憂患；韓戰打得早而短，沒太多研究；越戰反倒使越南變成他們最有印象的東方國家。

中國因冷戰而隔離，因此這些中老年紀、成長在五〇年代的美國人，高中和大學的課本裡沒有幾頁中國常識，對中國一概不知。所以替他們上文化概論的課，得從中國歷史階段，抽幾個具代表性的文化話題來講，文學不能是專題。譬如，透過甲骨文、青銅器介紹商周，但百家思想另是一題。孔孟秦漢，然後是盛唐文明和佛教，宋明理學和藝術，元朝的戲曲，明清小說等等，又怕這些課題內容太枯燥，就加些玉器珍寶的畫片，提提興趣。一學期不到十堂課，每個主題都在一個半鐘頭裡講完，蜻蜓點水，無法深談，匆匆略過而已。

對一個從來沒想過要走其他職業路的小教師而言，這一路走來，波波折折，甚不容易。在美國教中國文化，先從語文教起，再能教些文化科目，對我們學國文系的，英文程度是一大障礙。跟外文系畢業，來美國念比較文學的不同，很多有學問的國文系同學和學者，在美國拿不到博士學位，再大的學問也進不了大學的門。可惜！

自八〇年代，美中互涌，大陸開了門，紅朝變了質，改革開放後，中國重整教育，由恢復早期白話文學到古文學詩詞的大復興，使人振奮，僑界也跟隨請來文藝開講，我能堅持在這行活下來，可慶！

悼念張純如

那個平靜如常的清晨，翻開洛城時報，驚訝的看到張純如（Iris Shun-Ru Chang, 1968-2004）逝世的消息。一時不知如何來接受這個噩耗。一顆剛升空的明星就這樣隕落了嗎？

我和張女士並不相熟，也和張家並非間接的朋友，可是早就對這位才女的家世有所聽聞。第一個讓我對她感覺親切的是她的父母，他們和我們一樣是臺灣早期的留學生。五〇、六〇年代來美國的學生是心無旁騖的。學校是我們踏入美國的聖殿，唯一的路是苦讀有成，然後自勉自勵的成家立業。孩子們生下來，都是父母二人合力摸索著帶大的。我們沒有寬裕的資源讓他們住豪宅、開名牌車，只有精心的教養，希望在忙碌的生活中，盡善盡美的培育他們。無論是男孩女孩，我們都盡力把東西文化灌輸到他們的言行裡。純如的成就和風範，一看就知道是我們這一代頂尖留學生調養出來的優秀孩子，一步步領著，一口口餵大的孩子，竟悄然不告而別，怎能讓父母不錐心的疼！

和純如有過兩次的機緣。第一次知道她要親臨南加Cerritos市，來為《南京大屠殺》一書與讀者晤談簽名。聞訊後計劃著去買書，並一睹作家風采。然而，事有不巧，因故沒能成行。可是在心有未甘的情形下，打電話請一位師大校友就近去買了兩本，害他排隊等簽名。我只能送上老酒一瓶略表謝意。

第二次是五六年前，在聖地亞哥亞美學術研討會上，有幸見到傾心已久的張純如。記得開會的第一天早上，坐在車上看見遠遠的走來幾個年輕人。其中一個高高的、十分亮麗的女孩子煞是惹眼。等到開會時，許多人圍著她，才知道那正是我仰慕想見的作家。我以前只是欽佩她的文筆和寫作取材，沒想到這些雋永順暢的書篇竟然出自這樣一位佳麗之手，怎不讓人驚喜。人人皆知她寫書的用心和深義不是為商業的利益，是為歷史作證，是希望對世事有深遠的影響，也是為喚起人性的反省。她那麼年輕，就這樣有內涵。而今見到本人。端莊美麗的外表，恰恰又是這樣的出眾。我驚嘆內涵和外貌天衣無縫的吻合。

她的端莊融合著東方大家閨秀的風範，和現代西方人不在乎的瀟灑。她的美，不施脂粉，不矯揉造作，美得自然而敦厚。像一朵出水的芙蓉，那樣的一塵不染卻雍容高貴。我的教書生涯養成我對年輕人的喜愛，看到這樣一位極有成就又冰雪聰明的年輕女孩。心裡直覺的想到「此曲只能天上有，人間可能有幾回」。這父母花了多少心血才培育出這樣的精英。大會晚餐時，特別和朋友約好和純如共餐。她落落大方，話不多，很深沉的樣子。現在回想她的神態，她的穩重正是她有內涵的一面，但也可能是她致病的原因。凡是有深度的人多半不輕易把心思顯露出來，放在心裡，讓悲情沉澱沉澱，獨自承擔，日久鬱悶的積壓，會傷感的把持不住。

我曾為她結束自己生命的一刻，想出種種境地。在富裕和平的新大陸美國成長，她哪裡想得到有南京大屠殺那樣慘絕人寰的事？多年來她看的、寫的都是這近代史上最驚心動魄的悲劇，這些殘暴的人和事整天圍繞著她，和她同年紀的人又全都不能瞭解分擔她這些所思所聞，她怎能不得憂鬱症？

美國人普遍的認為，二次大戰是美國人在太平洋與日本的戰爭，取得勝利後結束了世界大戰。南京暴行發生時，珍珠港事件尚未發生。南京大屠殺是中國和日本的仇，美國人並未參與也沒有深臨其痛，所以並不在意。整個的事件發生時，當時僅有幾位西方傳教士目睹慘狀，竭盡一切救人，後來以外國人身分逃出中國，偷著把照片和紀錄帶回來美國，但卻不被政府和一般人相信。據說有一位教士承受不了所見的情景，精神受刺激，不久就抑鬱而死。

二戰後的美國，國勢日增，移民由四面八方而來，一片大好繁榮景象，希望有個和諧的社會，把過去種族之間的矛盾一筆勾銷，對日本大力提攜，忽視了歷史的複雜和不易忘記。南京大屠殺的慘劇在東方至今尚歷歷在目，只是在美國，自然有人不願意讓慘烈的南京大屠殺史實廣為大眾熟悉，儘量遮掩，純如的書解密史事，又如此的轟動，可能受到騷擾，無處述說。

純如是天上的仙子，只在人間留幾回就走了。我們說人的死有重於泰山，有輕如鴻毛。作品也是一樣，有的一言九鼎，有的言之無義。純如的作品會是永留人間的鼎言，有泰山的高遠和永不沉沒的莊嚴。

參觀斯米松年博物館（Smithsonian Museum）有感

年來繁雜的生活，在中西合璧的矛盾和和諧中，匆匆而逝，生長在古老的東方，自幼及長，浸潤在中國文化的洗禮中，受中國教育的薰陶，卻飛越太平洋，進入洋人世界，繁華先進的西方生活。時時敏感於眼前東西文化的分野和緣由，自不免心靈時時縈迴在何去何從的甄選中。但教職的生涯一直蕩漾在中國文化的範疇，愈久愈覺得它的博大精深，真所謂「仰之彌高，鑽之彌深」。但在全力從事東方文化的探討之餘，又要在生活上適應西方社會的要求，時有精神瀕臨支離破碎、彷徨無依的境界。然而偶有融通便覺趣味橫生，大有心曠神怡之感。

對整年圍著美國車輪式生活打轉的人，一年一度的家庭度假，是必要的調劑。今年破例，不以遠離塵囂，遊山玩水為慣例，而以東部幾大城及華盛頓名勝博物館為目的。讀萬卷書，行萬里路，孩子研讀的西方文化和美國史知識，正好可以趁機作一實際的印證。

在費城小住二日，至華府時，雖是八月仲秋時分，卻仍似六月豔陽天氣，濕度大而氣溫高，住慣洛城的嬌兒們，自是頗不自在。想想常年住此的朋友們居安無事，也已如魚得水了。其實人對外界萬物，唯以此心掌握。華府本舊遊之地，然而往昔均以參加開會來去匆匆，一切行動皆以開會為主，腦中所想，心中所念，與人接觸，聽人言論，幾乎全是公事。對那些世界著名的博物館，每每經過卻是過眼雲煙，春夢無痕。此番能以幽閒心情，飽覽稀世藝品、名人字畫，整日在幾個博物館大樓裡打圈圈。前此驚為巍峨的國會大廈、勞工大樓，卻黯然無趣，誠如名儒王陽明所云，「天地萬物皆為此心所現。」《傳習錄》中，陽明先生遊南鎮，友指岩中花樹問曰：「天下無心外之物，如此花樹在深山中，自開自落，與我心亦何關？」先生曰：「你未看此花時，此花與汝同歸於寂寂。你來看此花時，則此花顏色一時明白起來。便知此花不在你心之外。」

以陽明先生看花之禪理，比喻我此次華府之行則十分貼切。以前不來博物館時，一切文化事物與我心同寂。而今來來看博物館，則一切藝術珍品盡入眼簾，不在我心之外。

由華盛頓紀念碑往東，至國會大廈，兩所聞名美國歷史的建築之間，就是井然羅列公園兩旁的九所博物館。一八二九年，英人詹姆士・斯米松年（James Smithsonian）逝世，感於自己坎坷的身世及科學成就，以時值五十五萬遺產贈與美國，成立斯米松年基金會於華府，旨在增加及發揚人類知識。

一八四六年，基金會董事會以約瑟夫・亨利（Joseph Henry, 1797-1878）為首屆創辦人。亨利先生為一名物理科學家，有感於當時美國科學之落後，遂傾全力於科學之建設，更得力於助理伯易爾（Spencer Fullerton Baird, 1823-1887）之協助，二人以無比之毅力，不只奇珍異寶，在儀器標本方面，亦大量的收藏。更以雄厚的財力，鼓勵科研人才就此一知識寶庫做深入的研究，然後分享給世界各文化機構，傳播知識。

亨利先生在初建時期，為基金會立下學術研究的絕對獨立性規則，永不為政治勢力所左右。自此斯米松年及所屬各博物館，遂成為美國聯邦政府支持的最大規模民間教育機構。現在，除了動物園和花苑，另有十九座博物館，分別為兩座菲裔文化藝術館、兩座美國印第安文史館、科技歷史館、自然科學館、藝術（現代及傳統）館、航運太空館、美國歷史館、工業歷史館、企業技術館、佛維爾藝廊、設計藝術及雕塑館等。

博物館的辦公總部設在東北角一所紅色沙石的碉堡形建築內。紅牆上爬著綠葉，這小巧的古老建築，不只是完美無缺的兀立在新奇雄偉的眾博物館群中，而且十分古雅的展現出獨特的歷史風韻。放眼望去，頗有懷古幽情。「譬如北辰，居其所而眾星拱之。」儘管四周是如何的美化翻新，它卻是源頭最好的詮釋。沒有它的存在，我們也就找不到舉世聞名的博物館群的歷史源頭。儘管四周是那樣的時髦美觀又堂皇，它卻是最好的地標。

最能吸引華人的美術館，自然是一九七八年建成的美術東館。一則它是世界馳名的華裔建築大師貝聿銘（1917-2019）的成名大作，做為在美的華裔，我們自然與有榮焉。再則這個建築不但本身就是一個藝術品，而且是貝家團隊驚人佳作之一。當一九三七年國家美術館建館之始，在約翰・羅素・波普（John Russell Pope, 1874-1937）的古典風西館的正東面，留下了一塊不規則的梯形場地，作為預備再造一座永久典藏的新館和臨時展覽之用，同時增加一個新的藝術史研究中心。新館不只是要配合整個國家廣場的規模，更要與對面的西館相協調。

貝聿銘設計公司被選上後，為了在原始地形非常特殊而又不甚理想的條件下，設計一個有創意的藝術館，曾經承受相當大的挑戰。結果貝家團隊巧妙的在廣場的中軸線上，造出了一個極有特色的建築，不循著傳統的方形格式，展廳和玻璃屋頂結構多是三角造型。寬廣的大廳，直線條的室內橫樑設計，光線充分，身在其中，感覺十足的現代化。這個建築的許多構思和特點，都在貝聿銘以後的作品裡再現，尤其是巴黎羅浮宮的玻璃金字塔。

這篇小作，本是旅遊雜記，沒有想用照片為讀者添加真實感。只想奉勸到美國來遊玩的朋友，到華府遊玩時，在參觀國會大樓等等計畫之餘，最好抽出一點時間，到斯米松年博物館參觀一天，看看美國文化建設的成績，是非常值得的。

二〇〇四年亞洲學會年會（Association of Asian Studies）有感

亞洲學會是美國歷史悠久的學術團體，每年年會，世界各大學學者風雲際會。出版商紛至。這篇雖是過時的文章，但是內容記載一段年會歷史，對一般讀者，或可一窺亞洲研究職場上的研討活動。

二〇〇四年的亞洲學會年會又緊鑼密鼓的在聖地亞哥展開（三月四日至七日）。對我這個退而不休的忠實教書人（不敢自稱學者），自然又要興致勃勃的與會一番。但每年來旁聽，都漸進式的少見到許多「老面孔」。相對的，新人輩出。滿場也看不到幾個舊識。連許倬雲榮獲傑出貢獻獎，也沒把許多老學究們從退休後的溫暖窩裡引出來。

每次參加亞洲年會，都好像中國的命運跟蹤著時代的巨輪，又在我身邊走了一趟。作為一個生在二十世紀的中國人，雖然有幸在美國落戶，但身歷戰亂的經驗，又沒有摧毀喜愛文史的興趣，巨輪的聲響，怎能不震撼。但這次的體驗，卻相當的平靜溫馨。藍綠的戰火在臺灣激烈的燃起，但聖地亞哥的豔陽天並沒有激起與會人熱烈的情緒。中國的議題在星期六會議高潮的一天較往年少了很多，容易激起爭議性的當代政治題目完全缺席，只有幾篇研究性的反思文章，為文化大革命下了一些注腳。尤其有趣的是，跟著中國命運旋轉整整七十年的、最火辣的現代文藝，反而被淡淡的一筆勾銷了，壓根兒沒提。從民初的革命文學，二〇至三〇年代的改革及憤怒文學，四〇至五〇年代二戰勝利後的返鄉文學，五〇至七〇年代約三十年的共產文學，再到八〇年代因挫敗而迷惘的傷痕文學等，全然不見，沒人一顧了。代之而起的是對社會現象的探討，如民國初年婦女處境、抗日時期家庭變遷等情形。考古及古文化的報告、佛學宗教與社會都著墨不少。晚清及民國討論的題目興趣則相當濃厚，新舊交替文學的創作、勞工及社會、經濟及考試制度等。較為當代的議題，包含社會勞工的文化層面，到近代電視節目與社會的研究。九〇年代的繁華和高科技的展現，也引起了年輕學者的注意。只是在中國藝術史中，除了青銅器之外，繪畫、古文物全部缺席。

經過一二十年的努力，中文教學上的進步，成績斐然。除了中國面孔的新秀們是京腔十足，連那些年輕的「洋學人」，說起中文來也是個個琅琅上口，字正腔圓，毫無表達上的困難。主講的華人學者，在臺上也都用流利的英文侃侃而談。在會上有關論文的摘要，有用中英對照的，也有乾脆全用中文援引古詩詞的，讓參與的人既一目了然所談的題目，又有親切感。

今年普遍看到語言能力的進步，應是研究亞洲學者的共識。前些年，常常是身在討論中國的會議裡，一天下來聽不到幾個中文句子、看不到幾個中國字。都是些注音的字母，完全身處在英文的世界。翻譯的詩詞文章，有時詞不達意，常有隔靴搔癢之嫌，讓人覺得討論的題目都跟主題國和中國人沒有關係似的，實在心中哽哽。

短短的兩天，研討小組一個接一個。兩個有趣的組常被排在同一時間舉行，匆匆忙忙的希望能夠樣樣都聽到，使人有分身乏術之感。有時聽完一篇《紅樓夢》音樂的論文，就得趕著去聽晚清詞中如何新舊相協，新酒舊裝的問題。在會場中，行色匆匆。好在東奔西跑之下，竟然幸運的聽到幾位很有深度的評講人的結論——耶魯大學的孫康宜教授，對陶淵明作品的總結評講，娓娓道來，平易而深入，讓人領會到她對主題的涉獵淵博。柏克萊加大的葉文欣教授不愧有臺大歷史系專業基礎，思路清晰，時有高見，對當代知識分子的理念和實際行為提出多方面的分析，也給參與的學者真知灼見的建議。密契根大學的 Professor David Rolston 主持了「晚清文學裡的音響」部分，題目不僅別出心裁，連武俠小說中描寫武打時的新詞都提出來討論。而且他代替缺席的評講人主持答辯時，也顯出他對中國學問的深入功力。爾灣加大的胡纓教授則以晚清報業的用語作講題，又在小說中新意的討論小組作講評。思想新穎，理路精鬪。一番言論使與會人耳目一新，引起熱鬧的會場答辯。

每次參加亞洲年會，都有長江後浪推前浪的感覺，而這次尤其覺得後浪的勁頭來得挺拔。不只是年紀顯然的是清新的一代，最為可喜的是研究態度認真，對中國古代學問也頗能潛心鑽研。許多年輕的研究生，問起問題來，頭頭是道。對《紅樓夢》中哪章、哪節情景等等瞭若指掌，有的則是唐宋詩詞背誦流暢。比起八〇年代只能談五四運動前後社會學運的學者們要文氣得多。西方學術界講究理論，少引用中文材料。這些新學人對文本的掌握，有時反倒比一些前輩紮實很多。因此看到中國文史的知識，能被這些新學者肯定，後繼並非無望，心中十分竊喜。

可惜一場文化大革命，那些幫派領導，想把中國知識分子和他們幾千年來辛苦經營的文學遺產都一筆勾銷，末了卻敵不過中國文化的潛力。曾幾何時，在異國他鄉，一群莘莘學子，竟然興致高昂的撞入了英文世界，和西方學者們共同研究古老中國的文化。他們嚴肅的探討，沒有傷痕年代激情的攻擊謾罵，可望能在時間的巨浪中將政治對文藝的干擾沖洗乾淨。若說二十世紀中國惡運當頭，待改革開放後恢復文化自信。丟掉各種運動的偏激和十年文革的烏雲，那二十一世紀應該是平穩復興時期的開始。

《巨流河》與《大江大海》讀後有感

生活在忙碌的節奏裡，藉著兩次度假的悠閒空檔，看完了兩本近年震撼臺港和海外中文讀者的巨作。在遊輪上是茶來動手，飯來張口的日子。海風輕盈的墨西哥灣，是我閒來看書的好時光。本要添些浪漫的情調，卻換來嚴肅的感傷。讀著《巨流河》，讓我重溫中國苦難的近代史，和作者齊邦媛那一個年代知識分子的艱辛奮鬥和成就。同船的遊伴，看到我早晚都捧著一本厚厚的書看得目中無人，好奇的來張望。才疏學淺的我，忙著報以慚愧一笑。好書啊！手不釋卷啊！這是第一趟讀書。

第二次的度假是窩居在名勝小城Sedona的舒適旅店裡，讀著龍應台的《大江大海一九四九》讓我聞著，看著，想著血腥的內戰年頭。我忘卻了五十年安定的美國生活，一下子就回到滿坑滿谷逃亡的人群中。不知應台如何能周轉在篇篇殺戮的戰地報告裡，理性的整理材料，渡過那寫作時的煎熬。堅持四百多個日子，沒有倒下。

邦媛是生於軍閥戰亂，長於對日抗戰，成就在臺灣的一代。經歷的是追隨政府流離失所，但卻保有主流知識分子的尊嚴。因此述說生活經驗、論斷時事、中肯不偏激，是大家風範。應台是在臺孕育出來的軍區才女，生於斯長於斯的外省臺胞。想是從襁褓時牙牙學語的時候，就整天泡在大人戰亂的回憶和政府遷臺的挫折感中。雖然國共征戰殺戮她並未身歷其境，但那滿腦子聽來的實況大概是如影隨形，非把這影子雕塑出來讓萬人同哭才能了此生心願。

她們二位相隔二十多年，以十年為一代劃分，是相隔的兩代人。但是這當中還夾著一群來臺時還半大不小的少年，是一群掛在她們兩代人當中的、十二三歲在內戰中隨家人來臺的一代。他們對大陸記憶猶新，但沒有受過像邦媛那時代的完整大學教育。比起應台，他們也沒有對臺灣生活和感情全心全意的根。他們有抗日的生活經驗和民族意識，也嘗過臺灣早期五〇、六〇年代的清苦生活，但是臺灣不能讓他們安於現狀。他們振作掙扎，大學一畢業，就紛紛出國留學，非到美國進修才覺得圓了求生存的夢。他們生命的火花，是要到太平洋彼岸來綻放。他們對邦媛知道的四九年以前的社會變遷，沒有成熟的認識；對應台敘述的國共血拼、短兵相殘的四八、四九年沙場情節，也因為家庭的保護而印象不深。因此《巨流河》和《大江大海》這兩本書對這夾縫中的一代人，帶來了一個更清楚的畫面，有著無比深遠的意義。《巨流河》彌補了他們對內戰前中國的社會演變的認識；《大江大海》描述戰爭慘烈的真實面貌，和老百姓被蹂躪的無奈，帶領這一群海外留學人見證了中國同胞百年來的悲劇。

這兩本書中呈現給讀者的是完全不同的場景，刻畫的是兩個前後迴異的中國世界。一個是民族受辱、政治混亂，但士氣高昂、詩書未輟的文人世界。一個是兵戎拚爭、嗜血無情的兩黨私鬥，橫屍遍野，致生靈於塗炭而不能揭止的殘酷爭權世界。邦媛在逃難的日子裡一直沒有荒廢學業，不斷埋頭讀書充實自己。她的環境一直是在最精華的東方傳統家庭裡，受到西方文明的洗禮。那一代人，在二戰後的中國是仰首闊步希望無窮。她代表三〇四〇年代中國名校的大學生，他們知識的深厚和求知的嚴肅態度，使後來在台求學的下一代自慚形穢。他們在臺灣的教育建設，和八〇年代的經濟起飛工程上，都有著絕對的貢獻。看她在臺灣念書、教書的生活，敬佩她孜孜不倦的求知，循循善誘的教學。她在美國、歐洲的學習和教書生活，也是那個時代知識分子最理想的安排。邦媛深厚的學問和文學的修養，使人望塵莫及。看她的書，給人以激勵，更舒適的浸淫在中國書香門弟的傳統裡。

應台是描繪戰爭史實的報告文學能手，應該是成長在戰火的氣氛中。她的剖析和描寫讓人性最殘酷的一面坦露無遺，應該是一個反戰者。可是她並沒有把大篇幅的戰亂分析和歸納後，給讀者一個高明的結論，而是讓讀者怵目驚心的一頁一頁翻閱，那一篇篇血淚交織的片段。這可能才是她的高見，那個沒有理性的時代，只能留給讀者自己去體會哀嘆。

我做為夾在兩位大作家的一代，少年的一半，生在大陸的顛沛流離的年代，青年的另一半經歷臺灣的清苦，然後在壯年，到美國來奮鬥求生。讀到這兩本書，我和許多早期來美的留學生，好像是那個接棒人，補足了她們兩代的空白，跟她們手牽著手走完了二十世紀苦難的中國。

詩作五首

詠荷

亭亭的
亭亭的
在田田綠叢間
在嬌陽的欣悅裡
亭亭佇立的朵朵紅蓮
她潔淨多姿
豐潤適度

和風中倩影搖曳
隨波處處
是自然賦予的情有獨寵
是人間那能攀折的仙顏
何須援枝扶葉
更無意蘩花競豔
只期許枝枝卓然佇立
泥沼中了無塵念
風姿清新的
麗質明朗的
那婉約出眾的新裝
頻添些許安詳
靜靜的荷塘

淡淡的幽香

日出日落

它，只現身以光熱
　無拘於形相
它，揮灑著宇宙的光彩
　主宰萬物生靈
人世的生生滅滅
在它晝夜交替的輪迴裡無盡
日出了！
它，旋轉著，跳躍著，
無限生機！

日落了！
就是臨別，
也要為
晚空展出萬丈錦繡
燦爛的等待滿天星斗

好友陳小石攜曾垚先後離世

小石，一顆明亮的星
曾因你的閃耀，
世界美好溫馨
曾垚跟著你，似手足攜手。
瀟灑真摯，一生溫情

在碧海月色裡
何處是你們的身影，
你們擁著星兒走了
但沒有隕落
翱翔在浩瀚星空
相偕嬉笑一片光影
你們擁著星兒走了，
但沒有隕落
望晴空萬里無雲
攜帶往日的歡笑邁進！
天國為你們永恆相迎。

江城子

二〇一六與好友郵輪逍遙，偶興，和友人詞一首。

秋日海上雨茫茫。盡日閒蕩。千里雲遊，無處不舒暢。
縱使鬢白猶不棄，球技競，舞成雙。
夜來琴藝樂觀賞，霓裳豔，曲回腸，相惜攜手，唯有老伴倆。
料得來年春日近，遊輪季，再翱翔。

二〇〇〇年夏，獲贈孫家鉢雕塑老舍坐像，越太平洋返美

小心翼翼的，
我懷抱著，

老舍閑坐在積水潭畔的塑像，
蒼雲碧海
浩瀚翱翔。

我抱著的是他
對人生美好的憧憬
對苦難同胞深切的愛
對自己古老文明執著的情。

我還抱著
他一瀉千里流水般的文采
笑罵裡睿智的心靈
惠心的幽默

鄉土純真的溫馨。

然而我抱著的更有
他殘碎了的夢
心酸無助的悲
生命在幻滅剎那間的絕望傷痛
永遠的抗議
雖是默然的
卻映出恒古的光輝。

一時間，遠處。。。
淳樸倔強的祥子
拉著車，抹著汗

趙子曰，莫大年。。。。
生氣勃勃的
正碰上滿腹哲學的老張
望著魚池
圈圈圈。錢錢錢，悵然癡想。

還有
小坡過生日
那陽光裡的虎妞
書呆子老李，京油子張大哥
結婚？離婚？周旋在酸甜苦辣裡。
嗨！還有。。。
哦！雜亂的貓城

茶館裡，柳家大院，祁家的四代同堂
眾生百相，熙熙攘攘
瞬間都在雲端浮上。

數著，數著！
懷裡塑像沉重多了
善而美的靈魂啊！
本是宇宙神明恩典的賜予
中原文明潤澤的結晶
剛正溫文的長者
何時？
消失在雲端碧海裡。。。。。

談情說愛

二〇二〇年庚子年是災難的年頭。新冠施虐，人人都困守家中。門牆四壁，寂靜無聲，百無聊賴之餘，給自己放個假，閒著看看連續劇，結果是驚豔於作品的多產，把世上五分之一人口的中原大地上，五花八門的生活都搬上銀幕。而我則因自己一生教職的環境，跟些高中大學生朝夕相處，有點思念他們。他們的一言一行，時時盤旋在我記憶中，對他們那一知半解的為人做事，覺得親切，有些偏好，因此頗受幾個青春喜劇所吸引。有的全劇看完，尚有餘韻。有的是雜亂無章，挑著匆匆掠過，知道結局就好。作者喜愛青少年努力成功的故事，一般劇情多是至情相愛，主角在劇作者的安排下，歷經考驗，愛得真，愛得單一，結局有悲壯有喜悅。只因生活裡沒有過挫折，大致的來說，都是太平日子裡，父母關愛有加，無甚大事：忙高考，談初戀，傻呼呼的可愛。看多了這些少年生活的劇作，想到日前聽過蔣勳談青春少年的「情」，初覺是個淺談的題目，不必在網上做專題，繼而有所領悟，忽然心有所感，很能認同蔣勳的說法。

境界的思維自然落在這青少年族群上，少年是人生生長期裡最活潑也最純淨的年代。是一個從幼年轉換成成人期的塑化年紀，這時種種感情和行為的表現，都牽連著童年的天真無邪，蛻變到成熟的成人世界。一般都是才從父母羽翼下伸出頭來，闖進校園。仗著半自主的行動，展開各種活力，探索人生。這時青少年的「愛意」是純潔的、乾淨的。看他們發乎情的千姿百態，境界卓然是「真善美」的結合。

古今中外的名著，撰寫少年愛情的不在少數，羅密歐和茱麗葉是家喻戶曉的愛情故事，衝出世族的仇恨，殉情而終。歌德在《少年維特的煩惱》（*Die Leiden des jungen Werthers*）裡道出少年執著的愛。自看到夏綠蒂的那一晚起，維特的世界整個消失了——

> 日月星辰任其悄悄地又升又落，我卻不知白天和黑夜。

他和夏綠蒂的心靈相契，卻抵抗不住成人世界裡現實的安排和挫折。維特的自殺，見證了少年時期無可奈何但又堅貞無比的愛。

而中國文學的巨著，整個一部《紅樓夢》更是托寫出愛在少年期的惺惺相惜、難捨難分。大觀園裡那一群不知柴米油鹽的富貴子弟，連丫鬟們都是情竇初開的小姑娘。整天的花前月下，吟詩弄樂，怎能無「情」？看寶玉和黛玉的初見，寶玉是「面若中秋之月，色如春曉之花」，黛玉是「嫻靜似嬌花照水，行動如弱柳扶風」。兩人彼此的傾慕，跟很多現代學生青梅竹馬同桌上課的純情、兩情相悅一同，在《紅樓夢》裡的章章節節裡，有著多少的知音和發誓的表白，結果竟也是經不起現實的枷鎖，黛玉香消玉殞，殉情而去。寶玉看破紅塵，遁入空門，往事只待成追憶了。愛的堅貞是如此驚人。

人生的每一個階段都是環境造就而成的。從兒時到少年，生活中的衣食住行都還在父母家庭的打理中，童年的愛是父母和玩伴、遊樂場和冰淇淋。等到嫩芽茁壯，變成精力充沛的少男少女，唯一的責任就是努力用功念書，剩下的時間是無憂無慮的閒情逸致，天使般逍遙自在的彼此愛慕。無論是百年前《紅樓夢》的榮國府還是現代的校園，可以無知無覺於成人社會複雜人事的汙染。是這樣單純的世界，才可以讓一份感情無牽無掛的表現得單一無瑕，所謂的天時地利，實在是人生過程中一段惜金的年代，多麼難得的幸福。境界是美好的「真」。

當純情的火花在同學們的生活中燃燒，常常是無所求於心愛的對象，金錢和權勢都還沒有出現，出發點總是好意的關懷，千方百計的只會為愛人著想，這是「善」的境界。在這樣的時與事的框框裡孕育出來的愛，一起握著手，甚至是輕輕擁抱，不都是感覺極「美」的境界嗎？

《小婦人》（*Little Women*）裡，隔壁男孩勞瑞對瓊歐的初戀，兩小無猜的神情，是多麼的真切。甚至在勞瑞和白絲結婚後，他對瓊歐的那份感情依然有美好的記憶。再看《紅樓夢》

十九章裡描繪到黛玉午時休息，寶玉前來探望，要了黛玉的枕頭，求著一同歇著，於是二人對著臉兒躺下，只是鬥鬥嘴，聞聞袖子裡的體香，待寶釵掀起門簾進來，也自然的加入相互談笑，沒人迴避，那個年代，作者體會的少年愛情，一派的天真爛漫。是如此的乾淨，真可謂「思無邪」。

少年懵懂的時期，愛的感覺是單純的。在人的生長過程中，當心身發生了變化，對異性開始有了愛慕，那樣純淨的、單一的初戀，專注但不落實的，沒有扭曲的佔有欲，沒有利害的雜質，除了「友情似的喜愛」，少有成人慾念的目的。錯過了就再也找不回來。

等成年時代的到來，專業學識在職場上的探索，為心裡添加了負擔，生活忙碌多了。大學畢業後，面臨的考慮已是多方面的。慢慢品嘗職場上就業的滋味，只覺得凡事都不是表現在外面的一層那麼單純，談戀愛也是一樣，若是錯過了少年和青年的愛，緣分過去了就再也無法撈回來。等到成人世界「無情」的來臨，進入父母安排的相親，朋友的介紹撮合，轉瞬間就把少年的純真一筆抹殺了。愛在一切現實的生活必備條件考慮下，變得沒滋沒味了。

想想所謂的相親場面，經過了父母精心的審核，把人過去和現在的經歷，一下子都赤裸裸的攤在桌面上，坐在對面來相親的人，除了看一眼你是有鼻有眼的相貌，沒有探討你性格愛好的迫切，在他或她心裡的天平上映出的，只是你的學歷和就業經歷，總的加起來時值多少錢？家裡的房子車子是什麼情況？坐著不斷的衡量一切現實條件，跑馬燈似的討價還價，心裡卻不斷的打著小算盤。這時節沒有愛恨的情緒，感情的真假與否也都不重要。你這個人的存在是在現實生活利害的天平上稱著，算不得有深一層的真愛。若是一方對價碼看得合適，願意交往，無論另一方如何不上心，都可能窮追不捨；如果某方遭拒，失落感一旦變質，就會心生怨意，有惡言相向的，有背後嫌言批評的，「善意」的成分蕩然無存。比起少年時代的初戀，這種沒有純情基礎的「愛意」，何能談「美」？「真善美」的境界一概沒有，誰還有殉情的念頭？

人生在世，能做瀟灑走一回的事不多。在愛的瀟灑表現上，那些為愛而殉情的年輕孩子們，生命隕落在花容月貌，愛慕正盛的火光裡，寶玉黛玉也好，羅密歐茱麗葉也罷，是時代的束縛，沒能允許他們用「愛」來堅持白頭偕老的結合，或歷經長久的相濡以沫。他們為愛而不能屈就現實，不妥協，不將就，不沾塵垢的瀟灑化蝶而去，讓人不捨。

他們用生命為愛畫上完美句點。這不只是「情」，也是「義」的表現。境界別有高尚風格。問世間情為何物，直教人痛惜追憶？千古長嘆。

說東道西

應北一女校友會約稿，本想以「說古道今」為題，對中國的古事新解一番。但舊調重談，有失新鮮，更可能有說教之嫌，犯眾怒，所以就改成談幾件居美的社交小事。

話說有那一日，風和日麗。敢情是個大好的出遊日子，叫醒了老伴趕集似上車出發。順道去小雅屋買些點心上路，買完離開時，眼看對面車上走下來兩位中國男士，有說有笑的大步向前。當時我正要腳跨門檻離開，前面那位男士，竟毫無讓賢之意，全不顧忌的勇往直前。等他後面那位拉開了門，我以女士之尊，想一步先出，而前面那位勇士，旁若無人，正面衝刺而來，我立時口中大叫「Gentleman! Gentleman!」說時遲那時快，他竟然瞬間閃到門前，與我擦身而過，不讓我半步，硬是搶先而入。我驚魂甫定，見他竟然神色自若，知道這小子並無惡意，只是不懂現代文明的規矩，看著天氣好的份上，饒他一頓教訓作罷。

Lady First（女士優先），在華夏文明的禮教裡，自古即被古聖先賢漠視。而今在東西文化交流的百年之後，中國女人的知識智慧已無限升高，社會地位也被認可尊重。男人正是應該跟上潮流，以西洋的規矩表現寬宏大量的心胸，往現代化更進一步，讓自己擁有紳士風度。這種社交禮節，並非崇洋媚外，而是中外共襄，是一種人格修養的表現。尤其身在美國，為女士開門，推椅子讓坐等，這樣的社交小規矩是中西皆宜的，這並非女人無能或嬌慣。

再說當今中國人的世界，托兩岸黨派休兵之福，人們勤懇努力，生財致富，脫貧之餘，財源更表現在豐衣足食上。我回中國的經驗是，人們衣著講究、花樣百出，有優有劣，不時的讓人瞠目結舌。某次在黃山上看日出，天剛亮，爬上山頭，竟見一女士穿著亮片晚禮服出現在晨曦山路間，高跟鞋高一腿低一腳，讓人歎為觀止。

更有一次遊輪之旅，早上八九時，餐廳裡賓客如雲。忽見一位中國女士，身著睡衣外加無扣睡袍，足蹬拖鞋，飄然而至，神態自若的坐在一群朋友中間，談笑風生，旁若無人。此時服務員領班，走過來欲言又止，做無奈狀。我們同為中國遊客，做為旁觀者，頗有食不下嚥之苦，禁不住示意領班，希望可以請她回房換裝。但領班以服務客人為第一原則，我的建議，自然遭拒。於是做為中國同胞，當仁不讓，我趨前婉言轉告她，禮節上如此穿著，不甚妥當。豈不知，這位女士竟然兩眼一翻，理直氣壯的回答：「我們也懂英文，如果不妥，領班可以直接來說，不必勞妳大駕。」至此勸導無效，我只有拿出同胞的尊嚴，嚴肅的曉以大義。我說：「這船上領班是給妳面子，不好撕破臉告訴妳，妳不要面子，我們還要。請也給我們大家中國人留點面子吧。」如此軟硬兼施，她才心不甘情不願的離座而去，全然沒有理會一路上引起大廳裡眾人驚訝的目光。她自然是渾然不知穿著和禮儀。

說到這裡，不自覺地想起「文化」與「文明」，在穿著和禮儀上的區別：絲綢、皮革、人造棉和染色織品相繼發明，為「穿」的文明帶來起落和繁華，而穿的禮儀卻是大眾共同認可的規矩，這是文化——文化較文明更有長久性，一個國家或地區的文化，是經過了一個或數個文明的影響，存留下來的結晶，是一個民族共有的一系列的概念、價值觀和行為準則。

世界上人們都有車和飛機代步，太空有氣候導航，健康智慧延長壽命有醫藥，這些都是物質文明的生活，普遍的為各個文化群體所共有。雖然有朝一日，新的發明改變了日常生活的方式，人們還是要依據倫理道德、孝悌忠信的道理來處理人際關係，這是文化為本，文明為用。文明要應對外界社會變化的考驗，許多文明會進一步留下人類思想演變的痕跡，比如婦女的泳裝，開始時像襯衫、短褲套裝，慢慢的為適宜運動，改成三點。材質樣式可以花樣翻新，但絕對不能全裸，這是文化的底線。

文化的差異，有時壁壘分明，有時大同小異，但他們都可以在某個時期被同樣的文明洗禮。世界上各個語言文字的差異是文化的不同，但電腦的發明，讓各個文字在電腦鍵盤上快速出現，同時保存了不同的形態和文化的本質。譬如我們發現了火、電等各種能源，則讓我們脫離了茹毛飲血的原始生活，但人類吃的文化卻各有不同，有多樣表現。

千年來，各個文明此起彼落，各有成就，而文化便是在這些文明日新月異的交替裡，在不同的地域、族群裡，留下的一些永存的品質，涵蓋了生活方式、社會制度和風俗習慣、藝術等面向，這是文化。瓦斯和汽油代替了木柴和煤，它們都服務過人類，煮熟了食物，這是文明。但有些族群吃牛肉的不能嗅豬肉，吃海鮮不能帶殼，這又是文化的差異。

用顏色代表皇權，則是各文明共有的文化心理。選擇的材料因文明而變化，所選用顏色不同，有黃色、紫色不等。但顏色代表的是文化差異，永遠不變。

有的文明燦爛一時但會消滅，或為另一個文明取替，比如巴比倫替代古埃及。文明可能崛起於某個特定地域或時期，它存在的生活現象，在某個民族的歷史裡留下文化傳統，例如：奧運會必在希臘點燃聖火、金字塔是埃及的祕密、龍專屬中國、老鷹是美國的象徵……，文明最終不一定會改變文化的素質。文化是去糟粕後留下的瓊漿，是永久的民族個性。各種文化行為的表現明顯而多樣：宗教信仰、戲曲音樂在各種族自有其文化傳統。而最能代表文化結晶的，就是文化的符號系統，比如：文字、詩詞，這些品質形成了各個地域文化的特殊性。

話題轉回穿著。雖然文明和文化的分野會混淆，它們的分歧在「穿」的議題上還是可以分辨的。綾羅綢緞的時尚，人之所愛，有各種材料和款式，是物質文明的表現。巴黎仕女的運動服，質料樣式立刻可以在紐約和北京滿街流行，這是文明的普世性，但怎麼搭配穿著，則是文化素養的表現。穿的行為，為愛美，為時尚或舒適，穿金戴銀隨意，樸實優雅也行。但穿著的適當與否，必是由文化的尺度來衡量，比方在國際場合，著裝者是以代表的身分出現，則不只是盡到禮數，能否表現自己文化的傳統也很重要。

中國是文化古國，穿著的禮儀一向非常講究內容。歷代盛世，受教育的文人雅士、官宦人家，都講究禮節，職務、衣著需合宜。東方文化格調不差，文化行為有規矩，衣食進退如何修養得體，就連一般人也一樣要檢點注意。但看中國服裝史，穿衣戴帽的顏色佩飾，不只是文武官階在上朝集會時要中規中節，平時社交場合也有講究。大家庭裡老夫人、子媳在婚宴喪禮上，都有相應的衣著色彩規範須遵守。悲痛的喪葬，素色為重。鮮豔的是年輕人喜慶時的穿戴。女士更是多彩多姿——從京劇戲服可見一斑：丫鬟是衣褲短衫，夫人是長裙帶袖。筆者無意提倡階級觀念，這雖是舞臺上的戲曲演藝，也表現出文化的習俗。

西方人在某些國度和場合也有民族的傳統，如巴西的嘉年華狂歡節或舞蹈競賽，衣著暴露是為節氣和演藝，並非一般大宴小酌都可以穿的。國外旅遊是中國人的最愛，在西方去野餐時可以短褲背心，沙灘上也可只穿三點，拉丁舞的緊身衣短裙是比賽時必備，呼呼大睡自然睡衣舒服，但在眾人一起用餐的場合，萬萬不可把睡覺的或沙灘上的衣著穿到餐廳裡。

其實這穿著一事，並非一門困難學問，此事也可大可小。在日常生活裡，用心觀察即可。譬如平時穿著便裝，上街買菜與鄰里大媽串門，都被認可。若是正式婚宴或公事餐會，即使是晚宴或受邀家庭便餐，還都得深思如何穿著才適當。嚴重的時候，若有一次的穿著不中節，邋遢赴約，可能就會斷了以後的人際關係或升遷機會。

中國自從改革開放，經濟快速崛起，物質文明逐漸受西方影響。但來自西方衣食住行習俗的衝擊，無論是接受還是模仿，都要有適當的認知，去汙穢而保守自己文化的風度非常重要。例如在西餐館裡吃牛排可以學著用刀叉，切割方便，這是因應西方文明的實際行為，隨俗是常規。但是中國美食以切功細膩入味，筷子便利輕巧、方便實用，自古就是中國文化的一部分，就不應用刀叉。如果以為西化時尚，視筷子為落後的餐具，就是不懂文化。

所以文化行為背後的價值觀是有分寸的。而穿著和用餐的禮儀也是一樣，中式的、西式的都可以，但要得體。人的穿著不只是為自己，在公眾場合，禮儀和人情兩方面，都要能被人接受。如果沒有考慮對別人的尊重和禮貌，就是文化的不當行為。

中國人過去的戰亂貧困，幾代人都只顧養家活口，普遍貧窮，誰還有餘力講究穿著時尚得體？一尺紅頭繩就能打扮了一個大姑娘，有衣服遮體就是不錯的生活。可是今天的中國人，普遍都已脫貧，既非往日寒門，出手大方不寒酸，可喜！但在日常生活和社交場合裡，文化的表現要迎頭趕上。不要以為豐衣足食，就瘋狂張揚，充面子浪費。要記得老祖宗家訓，節儉適度即可。處處要表現我們的文化素質，不要貽笑大方。切記！切記！

現代生活和中國的傳統
——淺談儒釋道和宗教

現在的世界，旅遊的頻繁和移民的興盛，使多元文化的社會環境隨處皆是。尤其是經濟情況好的城市，如紐約、洛杉磯及加拿大諸大城市，亞裔、墨裔及中東、印度各方來的居民都比鄰集居，彼此觀摩生活習慣在所難免。

在這美式的西方社會裡，適應多元文化的社區生活是必然。受過中華文化洗禮的中國知識分子，如能適度的提升自己文化生活的內涵，對中華思想的形成緣由和發展有相當的認識，不只是有益於解釋自我，進而還能睦鄰並欣賞其他文化。

近幾年，中國人的經濟生活逐漸改善，黃帝子孫隨著移民浪潮翹首美國的教育界。有中國人的社區，學校成績好，學生升學率高，美加名校中，中國學子的比例也日漸增加。醫生、工程師在中國人當中已非鳳毛麟角，而一般的中國人也都能自給自足，自力更生。在美國，不但無家乞討的流浪漢少有中國同胞，他們在職場上對主流社會貢獻多多，也是有目共睹。這個民族的種種，一定有一個力量在後面支撐著，我們不能一概而言之曰：咱們就是有偉大的中華文化！這個骨幹是上帝賜與的聖品？或某造物者締造的美德？這個文化的力量源自什麼傳統？為何能源遠流長？

多半的種族都有國教傳統，這顯現出人性裡一種對宗教信仰企求的感情。歷史上各個政權皆曾為宗教而長年酣戰，文化的活動也一向環繞著全民的宗教習慣。宗教又是眾多傳統道德的源頭，因此日常生活也受世代的宗教條規約束著。很少有一個民族像中國人這樣，幾千年的文化包容了各種宗教，卻沒有被任何一個宗教統治成國教。歷代的統治者既沒有在登基或就職大典上，必須得到教宗的認可才可以掌生殺大權，達官貴人也不必像西方歷史裡那樣就職時必得有宗教儀式主持。這種獨特的文化形態，使其他民族匪夷莫解，甚至常背著「無神論者」為人不屑。

多半的中國人，經過了五花八門中西現代文化的折騰，在被問到宗教這樣的問題時，張口結舌的一時說不出個道理來。更別提那些新潮派的少男少女，或是醉心科技沒注意文化知識的年輕人。他們「茫茫碌碌」、跟著眾人走大趟，真可說是對自己的文化行為不知不覺。這樣的人比比皆是，談起話來，大家直覺的就只是中華料理好吃、武打片真棒。其實中國傳統文化中，有儒家的「天道」，人人秉持在心；有道家自然永恆的

「不可道的道」，多在騷人墨客的心靈中領會；有佛祖菩薩慈悲問世的感情，但並非人人禮拜供奉……。這些文化傳統和規範，在生活裡彼此融會，潛移默化，已經可以滿足人們對宗教祈求的感情。這深奧有趣的議題應放在學術哲理的討論會上，在此筆者僅以平常話淺談一二。

文化包羅萬象，日常生活的活動，處世為人的仁義禮智信都是文化的一部分。這其中最重要的，也是歷經千年而運用不懈的是一個人文道德的基礎。衣食住行可隨科技發達而新陳代謝，花樣翻新。但建立仁義禮智信的人文道德，卻是一個悠久文明裡不可動搖的骨幹。無此則衣食無從依附。這個人文道德精神，在西方是由各個宗教傳統中繁衍而來的規矩，在東方則是以儒家為主流，所形成的規範。試想在兩三千年前，中國黃土高原上孕育出來的黃種人，自三皇五帝而夏商，中原文化及文明滋生於農耕，重鄉土家庭，重恩情道德修養，自有一套倫理道統。非如希臘的城市商業傳統，重機智交易，邏輯想像豐富。

炎黃子孫從游牧部落安定下來，有了城堡形成封建社會，而社會結構也開始有了複雜的變化。人的智慧自然觀察到群體的共存行為，在那個用青銅器席地而坐，大碗喝酒與麋鹿為友的《詩經》年代，人們開始探討城市國家的制度，因此有了諸子百家，孔孟老莊墨翟韓非眾說紛紜的時代——春秋戰國。而孔子總結了中土文化的特性，出來制禮作樂，肯定四書五經為經典，使儒家成為影響後代的主流思潮。至此盛世已然更上層樓。憑著一個超現實的「天」為「真理神明」，儒家天道的認知，實在是空前的創舉，給君臣父子家庭的成員訂立道德行為的規矩。經歷兩千多年聖賢的制定，無論這些禮教規條中，部分規矩是多麼的不合潮流，不適合現在的社會生活，但孔孟所立下的道德規範，就其原則性來說卻是前無古人、後有來者，在亞洲大陸早早打下了永垂不朽的樁腳。

今天的日本、韓國及新加坡，無論西化了多少年代，基本的倫理道德還是延續著儒家的精神。長幼有序，父慈子孝，這種種都緣於孔孟之道，永垂不朽。在孔子的時代，沒有受到西方哲理的交流，孔子的話，是比較原則性的。他看到的，觀察到的，和說的話，都比較簡要，卓然獨立，但比起現在東西各方的哲理和百家教派並不遜色。事實上，如果我們沒有長久道德傳統的孕育，中國人哪能夠恆久不滅擁有三千多年的歷史？只因為東周王權逐漸式微，孔子積極於力挽文武周公的教化於亂世，致力於社會次序的安排。對往生後的想法，只停留在祖先崇拜，沒有進一步將「天道」與道家的「自然之道」延伸論述而神化，致使數千年來中華道統的傳承，時常被眾多宗教質疑。

但反觀儒家原意，有兩個觀點是直接彰顯了「宗教」的意識。一是「天道」，一是孔子對「人性」善的認知和肯定。中國自古「天道」即是人倫道德的指標，四維八德是世人皆認的行為準則，因此殺人放火天道不容，而俠義救人可視為替天行道。人在絕望時，仰首問天，天理何在？「天道酬勤」、「天行健，君子以自強不息」，這都是直接認同有「天道」的存在。雖然「天道」並沒有被指明是一個什麼形象的「神明」，但他至高無上的完美而又救世的「精神」，是華夏文明的結晶。天道常存，天理昭彰，天經地義是天道的善惡分明。甚至自古重為人君的天子，也得「順天地之德」，「為民者倡」。否則天意就會捨此而立彼，改朝換代。所以儒家傳統裡那個有宗教意識的「天道」，就是一個主宰道德規範的「神」。那無所不在的「天道」，根深蒂固的活在中華文化的世界裡，歷代帝王的祭天，婚姻及祭祀大典的拜天地，事事都是在祈禱「天道」神明的祝福。農業社會，靠天時為生。四時的風調雨順，需要人類的敬拜，人類的繁衍也是天地所賜。人在天地之間生存，領會到「天道」不可違背。盡人事，聽天命。儒家雖沒有清楚的說出宗教的意識，一般家庭也沒有宗教信仰的禮拜，但人的道德行為，自然依循著「天道」的指標範疇。譬如，家族輩分的制定，婚姻關係的習俗等。

至於性善的觀念，「仁者人也」更進一步道出天道的神祇。不用西方哲理來推論分析，只以倫理觀念概論，人性的善是儒家承認的天性。身為一個人，生下來就自然的有「仁慈和愛心」。見人有險就自然去救，這種衝動是與生俱來的。而孔子觀察到眾生的行為，顯現出一種共有的仁愛的「人性」，所以他說「仁者人也」，說白了就是「人是有仁性的生物」（人類）。所以《三字經》直接的說「人之初，性本善，性相近，習相遠」。有的人修養好，就把原本仁慈的「人性」拓展出好的行為。相反的，有些人沒有在道德上時時修養，慢慢的就跟「本性」離得遠了，甚至於抹滅了人性。儒家有創意的做出對「天道」、「人性」的結論。天地良心是支撐了中華文明延續不斷的骨幹。因此以宗教的信仰觀點，「信望愛」的第一條「信」字，儒家應該已經有了交代。

「愛」更是中國人沒有缺少的情。父母子女、親屬師友，處處有深情，自然這也都是孔子「仁」和「善」的表現。至於「望」麼，在期求來世歸宿入天堂的渴望，是儒家最欠缺的一面。幸運的是中國人一路走來，又受到了佛家的洗禮，不但佛家及時前來開導，有轉世來生，西天成佛的遠境，更擁抱了普世之愛，超越了孔子「遠近親疏」的界限。加上道家的「清靜無為，與自然同歸」，這些精神的食糧都順著歷史因果，在中國人的文化生活和人生境界裡，充足了「信望愛」。所以中國人在沒有宗教的環境裡，普遍並沒有失落感。對基督教等信教的人，只要是為善，就不會有排斥的感情。倒是有些西方教徒，耿耿於懷於中國人沒有特定的宗教信仰，遺憾中國人拜祖祭天，卻沒有信他們的上帝，這反倒使中國人不解。他們的上帝也應該像儒家的天，像老子的道，像佛祖的慈悲，廣愛眾生啊。

接著看看宗教信仰是如何應人類心靈要求而生。中國在歷史上三百多年魏晉南北朝的紛爭戰亂（220-568A.D.），生靈塗炭，蒼生祈求神明保佑，佛教信仰應運而傳至中土，至唐代佛祖法力無邊，為炎黃子孫建立了宗教生活，為中華大地大開永生之門。有了前生今世的大千世界和戒律設定，豐富了文學和文化生活後，宗教信仰普渡眾生，使學而優則仕的儒家知識分子更添上一個悲天憫人的宇宙觀。看破紅塵，悟道而捨欲念，慈悲為懷，禪學大興。

但即使興盛如唐代，佛教已成國教之勢，卻依然沒有澈底的征服中國人。唐末有韓愈等文士名臣，生怕佛祖的出世人生觀奪去了他忠孝仁義的天下，挑起一場政佛之爭。最後使中原又回歸儒家統帥，為孔子再立聖賢之尊。至此儒家以社稷為重，各朝代一直以之為立國精神的標竿，屹立不動，重新當家作主。但是在思想上，宋儒汲取包容了佛家宏觀宇宙和心靈領悟的境界。宋明理學的發展，格物致知、明心見性的視野，是宋代以後所謂新儒家的崛起，影響了中國後代的各個時期。自此，文人學者如蘇東坡等，對儒家的詮注解釋以及倫理道德的倡導，都受到佛家影響至深。更上一層樓，讓佛教普世的愛和因果禪念，在中國人的生活裡永存至今。只是宋儒在談心談性之後，卻讓明朝的儒士把禮教奉上了聖殿。借發揚孔聖禮樂道德，壓抑了人性自然的一面，扼殺了多少無辜。

走筆至此，不得不先提上一筆，與儒家並駕齊驅的是我們道家的哲理，自然永恆的道，誠如著名漢學家約瑟夫・尼漢（Joseph Needham）所說，中國人的世界觀是承認有創世者的。那個創造宇宙的「神明」就是道家的「道」。老子的「道」是洞察到一個創造了又擁有一切的道，「道」是永恆的。天地間的日月星辰，自然界的四季生生滅滅，人類的生死，一切種種，「道」是大到無法捉摸，是不能被說明的一個「大道」。所以「道可道非常道」。而這個「道」的精神是「生之。畜之，生而不有，為而不持，長而不宰，是為玄德」，「功成而弗居，夫唯弗居是以不去」。是創造，是給予，是「仁愛」精神的「道」。而這個老子認知了可又不願說的道，涵蓋了天地萬物。孔子忙於人間諸事。在孔子的世界，儒家的「天道」是「道德」的道，是人間的道。這在老子的「大道」裡都已顯著。至於道教，是集合自古巫術成仙得道的傳統，在民間道教的發生為眾生認可。但沒有對哲理思想上有太多貢獻。

總之，儒家和道家的思想源自中土，是整個中華文化的思維主幹，秦漢以後，早期傳入中國的佛教，又加入了中華文化的脈絡，使我們有佛祖菩薩慈悲問世，拯救眾生，雖然並非人人禮拜供奉，但人人皆有佛性。因果輪迴，已深深植入人心。儒釋道三家融會調和在中國人的生活裡，至為深奧，已有近兩千多年的歷史。中國人在日常生活中的言談舉止，處處都流露出這些哲理的價值觀。學無止境，天無絕人之路，勤奮，緣分，淡泊，人生如夢等等。這個道德的主幹，在政治清明的唐宋明清，都由科舉制度維護，是以古代大文豪其實都是科舉考試催生的。這個學而優則仕的制度，保證了政治領袖是維護儒家道統精神的知識分子。他們文采飛揚，詩文多是對人生治世的感悟，是文學的精品。

到民國成立，教育制度現代化，知識層面擴大，科系繁多，這個傳道授業的責任，就自然的落在高中大學的國文課裡，尤其是文言文。中國的古文詩詞，在道德的傳遞上承擔了基督教的《聖經》、伊斯蘭教的《可蘭經》的教誨。這些是西方人想不到的。比如顧炎武的〈廉恥〉，孟子的「見梁惠王」和〈滕文公〉，陶淵明的〈歸去來兮〉、〈伍子胥列傳〉，

《詩經》、《論語》、《老子》選讀，莊子的〈逍遙遊〉和〈齊物論〉，《史記》的〈伯夷列傳〉、〈項羽本紀〉等，這些直白的說教和人生感悟，諸子百家的思想都是中國人修身道德的課題。西方的文學課是不以此為主的。臺灣多年以保存中華文化自豪，繼承中國古代文史知識為榮。當年為反文化大革命而大展實力，世界漢學研究界曾讚譽有嘉，學者紛紛來臺留學，故宮寶藏更是享譽國際，輝煌一時。現在中國也大力提倡固有文化，教育出來的大學人才，漸漸的都能認知自己文化精神。治國當以文化昌盛為主，盼望兩岸珍惜。

在美國教西方學生，常常會有些自我發現的理解。中國地理環境擁有獨立範圍的特殊性，是造成中華文化自成一體的一大主因。看看大漢天國，西北環高山峻嶺，繞浩瀚大漠，東南則汪洋萬里，無邊無際。陸路既不能與歐洲文明密切接觸，東邊又無法跨大洋與彼岸交通。以黃河及長江二大河流為軸心，於是孕育出特有的文字和思想體系。這樣的地理環境有利有弊。利在一個文化體系可以保有兩三千年的傳統特色不變，重教育的智慧和優秀的文藝得以維持民族的團結。弊在西北的大漠和西南的高原峻嶺，隔絕了與西方陸路的交通，不易於溝通、見識到其他文明的演變，更容易老大自尊，保守而不適時改進。

這其中表現得最頑強不變的，自然就是明清二代的堅持舊制。儒家在歷史上為中國留下美好的傳統——學而優則仕，以教育為進入職場的標準。優則培養出許多文人雅士，甄選出許多高風亮節、出將入相的英明權臣。敗則在取仕的制度也造就了很多不諳時事、崇古賤今的文人，漸漸行成「官僚階級」。實際的經世之道，不一定非在學而優則仕的制度裡產生，經書取士的唯一功勞，在沿守了儒家修齊治平的傳統為治世的理想，使中國在沒有宗教道德的約束下，依然維繫了一個道德從政的秩序。

雖然我們不能不認同許多現代人質疑儒家的地方，譬如對君主權利的絕對維護，和對婦女的漠視壓抑。可是儒家對個人行為道德修養方面的貢獻，卻是無法抹煞的。但也因為這種過度的注重文官道德治世，一般人對自然物界的缺少探研興趣，偏差爭議的是，長久以四書五經取仕，過度偏重考文史而輕科技，致使科學沒能在十五世紀以後，與西方交通而並駕齊驅，實在是一大遺憾。

清朝以外族入主中原，急於統治此一泱泱大國而自行漢化。逞一時之雄，閉關自守，無視於世界觀，懵懵懂懂的未能趕上西方文藝復興後的工業革命的浪潮。民國以後，國運波折，西方各文明的衝擊來勢兇猛。科技工業的進步，多樣文化思維的社會觀，使孔孟學說建立的社會必須嘗試改革。這個經驗，由最先清朝末年的「中學西用」開始。到五四運動是受辱後的進一步覺醒，知識分子起來倡議改舊習俗，結果是一股腦兒的把孔子和儒家都批評得體無完膚。中國人在窮困落後的過程裡，精神文化被否定，因此「資本主義」、「共產主義」都來敲門。

近三四十年中國改革開放，努力經營，經濟生活改善，工商業進步，自信的同時認識到自己成功的經驗，背後的文化道德還是一大支柱。中國人對自己文化傳統不應今日全盤推翻，明日又全盤復古。應該永遠要走理智智慧的中間路線。雖然我們要讓外族知道儒家孔子傳統，但在探討思想和人生態度的話題時，道家的智慧以及佛教融入中國，對中國文化的影響也是中華兒女要認知的學問。

我們文化裡，既然沒有宗教道德的成分，一般家庭也沒有宗教信仰的禮拜，我們德智體群美的教育目標，就是提倡漢學精神和廣開孔教大門。我們今天處在多元文化的國際社會裡，面對復孔講孟的說法，應該以他當時的時代背景來承認他的價值，留意他基本精神的適應性和周全性。以現代的社會潮流來調適它的說教。應該是分析提煉孔孟的言談，去汙求慧，整理出一套適應現代生活的道德行為指標。從不合理的禮教中掙扎出來，接受在現代生活裡可行性的傳統。讓代代的中國人都能認識自己文化行為。讓人文教育在現代化的時代與科學能雙頭並進。

筆者在尋求一般美國成年人對中國人行為文化的瞭解時，有以下的認知，可以做為大家的參考。無論那一個社會，職業或生活上的成就，都建立在一個人道德的修養和才智上。中國人在面臨西方工商社會的挑戰的時候，既然認識到自己傳統的道德規範有過成功的經驗，就可以變通的用在現實生活中。譬如，「己所不欲，勿施於人」，不鼓勵「飽食終日，無所用心」，對政事則「居之無倦，行之以忠」（忠於職務），都是放之四野皆準的原則。中國儒家的經書如《論語》等，姑且不以哲學的學術立場來討論，僅以文化傳統的角度來探討一下，在教育上的意義，也有很多層面值得著筆。

中國過去百年的落後貧窮，在西方人的印象裡塵封已久，面對他們的蔑視，我們一方面要極積的推動中國文化正面優秀的素養，如詩琴書畫，許多觀念也要調適。所謂「萬般皆下品，唯有讀書高」，在傳統的中國，這個「讀書高」是和高官厚祿、光耀門楣等等連在一起的。而讀的書也絕非物理化學或音樂繪畫。

今天，我們的讀書高不必是學而優則仕，而是學而優則「職」。念學士、碩士、博士不是秀才舉人的權勢觀念。另外，比方說，孝道是中國人特有的美德，但現在的工商文化生活裡，職業的忙碌生活和小家庭的組合，加上西風東漸，個人自由等等，父母跟子女們的關係，會適度的調節。

釀文學292　PG3122

晚空展出萬文錦繡

作　　者　孫王積青
責任編輯　孟人玉、吳霽恆
圖文排版　黃莉珊
封面設計　嚴若綾

出版策劃　釀出版
製作發行　秀威資訊科技股份有限公司
114 台北市內湖區瑞光路76巷65號1樓
電話：+886-2-2796-3638　傳真：+886-2-2796-1377
服務信箱：service@showwe.com.tw
http://www.showwe.com.tw
郵政劃撥　19563868　戶名：秀威資訊科技股份有限公司
展售門市　國家書店【松江門市】
104 台北市中山區松江路209號1樓
電話：+886-2-2518-0207　傳真：+886-2-2518-0778
網路訂購　秀威網路書店：https://store.showwe.tw
國家網路書店：https://www.govbooks.com.tw
法律顧問　毛國樑　律師
總 經 銷　聯合發行股份有限公司
231新北市新店區寶橋路235巷6弄6號4F
電話：+886-2-2917-8022　傳真：+886-2-2915-6275

出版日期　2025年1月　BOD一版
定　　價　340元

讀者回函卡

Printed in Taiwan

國家圖書館出版品預行編目

晚空展出萬丈錦繡 / 孫王積青作. -- 一版. --
臺北市 : 釀出版, 2025.01
面； 公分. -- (釀文學 ; 292)
BOD版
ISBN 978-626-412-042-5(平裝)

1.CST: 孫王積青 2.CST: 回憶錄

782.887 113018374